•经济管理学术文库•

自然人控股公司的治理与绩效

Governance and Performance in Natural–Person Holding Company

秦丽娜 / 著

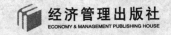

经济管理出版社

ECONOMY & MANAGEMENT PUBLISHING HOUSE

图书在版编目（CIP）数据

自然人控股公司的治理与绩效/秦丽娜著. —北京：
经济管理出版社，2009.3

ISBN 978-7-5096-0580-6

Ⅰ.自… Ⅱ.秦… Ⅲ.自然人—持股公司—企业
管理—研究 Ⅳ.F276.6

中国版本图书馆 CIP 数据核字（2009）第 027783 号

出版发行：**经 济 管 理 出 版 社**

北京市海淀区北蜂窝 8 号中雅大厦 11 层

电话：(010)51915602   邮编：100038

印刷：三河市海波印务有限公司   经销：新华书店

组稿编辑：申桂萍   责任编辑：申桂萍
技术编辑：黄　铄   责任校对：郭　佳

720mm×1000mm/16   12.5 印张   17.5 千字
2009 年 4 月第 1 版   2009 年 4 月第 1 次印刷

定价：32.00 元

书号：ISBN 978-7-5096-0580-6

序　言

在世纪之交，公司治理成为全球性的热门研究课题，这既意味着公司将成为新世纪推动各国经济发展的主导力量，也表明公司治理在新的世纪仍是公司运营成败的决定因素。自从 1998 年亚洲金融危机爆发以来，特别是 Enron、WorldCom 等一系列惊天丑闻的揭露更是把公司治理问题推至风口浪尖。

从根本上来讲，公司治理就是指一套约束机制，该机制规范着公司各利益相关者之间的契约关系，以保证有关各方能够各得其所。传统观点认为，公司治理主要是解决股权分散情况下股东与经理之间的利益冲突。但是，最新研究成果表明，股权分散只存在于美国和英国等少数法律体系相对完善的发达国家，世界大多数国家上市公司的股权结构都是相对集中的。而在股权集中的治理模式下，公司治理所要解决的核心问题就不再仅仅是传统的"股东—经理"之间的代理问题，而逐渐让位于"控股股东—小股东、控股股东—经理"框架下的代理问题。也就是说，目前有关该领域的研究已经从传统上主要关注经理的受托责任，转向控股股东与中小股东之间的利益冲突。

从理论上来讲，控股股东既有能力也有动力对董事会及经理层进行监督，但同时也更有动机与能力侵占小股东的利益。监督与侵占是控股股东对公司的双重作用，必将对公司价值具有双重的影响。目前国内外关于控股股东的理论与实证研究主要是集中于法人控股（如国有控股、大企业控股、大机构控股等）类型的公司。对于中国来说，这主要是因为中国的企业改革是以国有企业的股份制改革为主线的，民营企业上市受到多种条件的限制，所以只好间接上市（买壳、借壳等），而且在法律上，1997 年 7 月前，法律规定自然人持有上市公司的股份不能超过总股本的 0.5%，这种制度上歧视性的规定，决定了当时的自然人不可能成为上市公司的直接控制人。1999 年 7 月施行的《证券法》取消了自然人的持股限制，自然人和法人一样，可以成为上市公司的发起人，于是，自然人直接控制上市公司才有了可能。

2001 年中国第一家自然人控股的上市公司——天通股份终于上市。到 2006 年年底，第一大股东为自然人的共有 43 家，至 2007 年底有 80 家。自然人控股公司产权明晰，政府直接干预少，运行机制灵活，但其同国有控股公司一样是典型的"一股独大"，有的公司家族治理特征明显，治理机制不完善，自然人大股东对董事会及经理层存在过度监督和过度控制问题。然而，自然人控股公司以其良好的业绩和旺盛的生命力正不断发展壮大。这是为什么？是什么减轻或抵消了过度监督与过度控制的负作用？其治理机制、治理机理与其他类型的公司有何不同？有位学者说得好，"在科学的范畴内，问题来来去去只有一条：为什么？……实证研究的精髓在于追求能够被事实推翻的理论"。本书则在理论分析的基础上，通过实证来回答这一问题，试图找出经典的两权分离的委托—代理理论在自然人控股公司具体运用中所体现的特殊性和局限性，希望在理论上能有所突破。因此，我更愿意在科学的范畴内把本书看做是一本严格遵循实证研究的著作。

本书在对我国一种新类型的上市公司——自然人控股公司的治理做出深入分析的基础上，构建了本研究的理论框架，并对自然人控股公司的治理问题进行了较为系统的研究，得出了一系列的结论，这将对民营企业、大股东控制及国有控股公司的治理起到一定的借鉴作用。

从公司治理目前研究的动态来看，学者们从不同角度、不同侧面来研究中国的公司治理问题，虽然每年都有公司治理相关研究的专著出版，但到目前还没有人针对自然人控股公司的治理问题进行系统研究。本书与国内外出版的同类书相比较具有如下特点：一是选题新颖，具有一定的超前性，提供了自然人控股公司治理问题的经验数据，弥补了已有文献的不足；二是建立了一个研究公司治理问题的理论框架，并进行了深入的分析；三是研究方法恰当，将理论分析与实证分析方法相结合；四是研究成果揭示了自然人控股公司特殊的治理机理，证明了传统的委托—代理理论在具体运用中的局限性，提供了解释公司治理各种现象的新线索。

　　本书得到了我所在的工作单位沈阳理工大学学科建设处的资金资助，仅以此书献给我的母校，表达我的谢意。由于理论基础和专业水准所限，本书难免有许多不足之处，恳请读者给予批评指正。

秦丽娜

2008 年 10 月于沈阳

摘　要

　　本书是以公司治理的相关理论为基础，在委托—代理理论的一般框架内，研究两权再度重合的自然人控股公司的治理问题。从理论上分析大股东、董事会、经理层发挥治理作用的机制与条件，通过实证揭示自然人控股公司的治理特征对绩效的影响，并给出各种结果新的理论解释。本书的研究意义在于，扩展现有公司治理理论对现实治理问题的研究视野，增强理论对现实问题的解释能力，并对中国日益发展的公司治理提供借鉴意义。

　　本书研究的核心内容是揭示自然人控制下的大股东、董事会、经理层的治理作用及其特征对公司绩效的影响。研究表明，自然人控股公司的股权制衡作用失效，董事会的监督作用不显著，股权激励的作用也不同于公众公司。而董事长与总经理的作用是影响公司绩效的关键因素，进而总结出其特殊的治理机理。

　　本书主要完成了以下五个方面的研究工作：

　　（1）梳理了公司治理相关研究文献，构建了自然人控股公司治理的研究框架，阐述了与本研究相关的理论，详细地比较了自然人控股公司与其他类型公司的特征，论证了不同的股权特征会形成不同的治理关系，并会产生不同的治理问题，提出了自然人控股公司三个重要的治理问题，即大股东治理作用问题、董事会治理作用问题、高管股权激励问题。

　　（2）深入分析了大股东的监督机理及股权制衡的作用，运用博弈方法论证了控股程度及信息的不完全程度是大股东发挥作用的重要条件。通过自然人控股公司的股权特征与绩效的实证研究，得出了自然人的"一股独大"、"五股共大"并未对公司绩效构成危害，理论上分析的股权制衡作用在此失效，并给出了理论上的解释。

（3）阐释了董事会治理作用的本质及约束条件，根据董事会制度研究的一般逻辑，研究了自然人控股公司董事会的治理特征与绩效的关系。研究表明，董事会的治理作用并未显著有效，而董事长、总经理的学识和能力成为公司发展的关键因素。

（4）通过模型推导证明了一般公众公司股权激励的作用及最优解问题，分析了自然人控股公司股权激励的特殊性。通过实证得出了与众不同的结论——总经理持股与公司绩效呈较缓的 U 型曲线关系，并对其进行了详细的分析与讨论，进而证明了自然人控股公司股权激励的特殊性和复杂性。

（5）运用多元回归的方法对自然人控股公司的综合治理特征与绩效进行了实证分析，得出了更具综合性的结论。实证表明：股权结构对公司绩效无显著影响；董事会中"两职"兼任、"两职"学历及家族控股制度都对公司绩效起到显著的影响作用；高管较高的控股比例不利于公司绩效的提高，而经理人的股权激励对公司绩效起到了积极的作用；机构投资者持股有利于公司绩效的提高及长远发展。本书对这些实证结果进行了进一步的分析。

目　录

第一章　绪　论 ……………………………………………… 1

第一节　研究背景与问题的提出 ……………………………… 1

第二节　相关概念的界定 ……………………………………… 3

一、自然人控股公司 ………………………………………… 3

二、民营上市公司与家族上市公司 ………………………… 4

三、企业所有权 ……………………………………………… 5

四、公司治理的内涵 ………………………………………… 7

第三节　研究目标与研究思路 ……………………………… 10

一、研究目标 ……………………………………………… 10

二、研究思路 ……………………………………………… 11

第四节　研究方法 …………………………………………… 12

第五节　本书结构与内容 …………………………………… 13

第二章　公司治理相关研究文献综述 …………………… 15

第一节　关于所有制与公司治理 …………………………… 16

第二节　关于大股东治理 …………………………………… 18

一、关于大股东治理的理论研究 ………………………… 19

二、关于大股东治理的实证研究 ………………………… 20

三、简单述评 ……………………………………………… 24

第三节　关于董事会的研究 ………………………………… 25

一、关于董事会的理论研究 ……………………………… 25

　　二、关于董事会的实证研究 …………………………… 27

　　三、简单述评 ………………………………………… 34

第四节　关于经理层的研究 ………………………………… 35

第五节　关于自然人控股公司与公司治理 ……………… 37

第三章　自然人控股公司治理的理论研究框架 ……… 41

第一节　自然人控股公司治理问题研究的理论基础 ……… 41

　　一、不完全契约理论 ……………………………… 42

　　二、委托——代理理论 …………………………… 44

　　三、产权理论 ……………………………………… 47

第二节　自然人控股公司的一般特征 …………………… 48

第三节　自然人控股公司与其他类型公司治理特征的比较 … 52

　　一、自然人控股公司与国有控股公司治理特征的比较 … 52

　　二、自然人控股公司与法人控股公司、一般公众公司

　　　　治理特征比较 ……………………………… 57

第四节　自然人控股公司的三个重点问题 ……………… 58

　　一、大股东作用与自然人控股公司的治理 ………… 59

　　二、董事会作用与自然人控股公司的治理 ………… 61

　　三、高管股权激励与自然人控股公司的治理 ……… 62

第四章　大股东治理作用与自然人控股公司的治理绩效 ……… 65

第一节　大股东对公司治理的作用——监督 …………… 65

第二节　大股东发挥监督作用的机理 …………………… 67

　　一、大股东发挥监督作用的产生机理 ……………… 67

　　二、大股东发挥监督作用的动力机理 ……………… 70

第三节　大股东监督带来的新问题 ……………………… 71

　　一、过度监督和大股东侵占问题 …………………… 72

　　二、过度监督和大股东侵占问题的解决——股权制衡 … 73

第四节　大股东发挥作用的条件——股权制衡的博弈分析 … 75

一、股权制衡的博弈假设 ……………………………… 75

二、股权制衡的完全信息静态博弈 ………………… 76

三、股权制衡的完全信息动态博弈 ………………… 77

四、股权制衡的重复博弈 …………………………… 78

五、股权制衡的不完全信息动态博弈 ……………… 79

六、博弈分析的结论及实践意义 …………………… 81

第五节　自然人控股公司大股东股权控制与治理绩效的

实证研究 ……………………………………… 83

一、大股东参与治理的研究回顾 …………………… 83

二、研究假设的提出 ………………………………… 85

三、样本的选取与变量的确定 ……………………… 87

四、变量的描述性统计 ……………………………… 88

五、相关分析 ………………………………………… 90

六、回归分析 ………………………………………… 91

七、对回归结果的讨论与推论 ……………………… 95

第五章　董事会治理作用与自然人控股公司的治理绩效 ……… 99

第一节　不完全契约与董事会治理作用的本质 ………… 99

一、不完全契约与传统法人治理结构 ……………… 99

二、传统法人治理结构的缺陷 ……………………… 101

三、董事会发挥治理作用的本质 …………………… 103

第二节　董事会治理作用有效性的约束条件 ………… 104

一、董事的选聘机制 ………………………………… 104

二、董事会的构成 …………………………………… 105

三、信息的不对称程度 ……………………………… 105

第三节　董事会制度的研究逻辑 ……………………… 106

第四节　自然人控股公司董事会的治理特征 ………… 107

一、董事长的权威治理特征 ………………………… 108

二、董事会构成和规模特征 ………………………… 111

三、董事会的领导结构与学历特征 …………………… 112

四、董事会家族控制特征 ……………………………… 113

第五节 自然人控股公司董事会治理特征与绩效的

实证研究 ……………………………………… 114

一、研究假设的提出 …………………………………… 114

二、变量的选取与模型设计 …………………………… 118

三、多元线性回归分析 ………………………………… 119

四、对回归结果的讨论与推论 ………………………… 120

第六章 高管股权激励与自然人控股公司的治理绩效 ……… 123

第一节 股权激励与经理行为的理论分析 …………… 123

一、经理获得固定报酬时的行为分析 ………………… 123

二、经理获得股票或股票期权收入时的行为分析 …… 124

第二节 股权激励与公司价值的理论分析 …………… 126

一、经理层股权激励的积极效应 ……………………… 126

二、经理层股权激励的消极效应 ……………………… 127

三、经理层股权激励的经济效应分析 ………………… 127

第三节 自然人控股公司股权激励的特殊性 ………… 130

一、自然人控股公司经理人持股比例高 ……………… 130

二、自然人控股公司股权激励积极效应的变化 ……… 131

三、自然人控股公司股权激励消极效应的变化 ……… 131

第四节 自然人控股公司高管股权激励与公司绩效的

实证研究 ……………………………………… 132

一、研究假设的提出 …………………………………… 132

二、变量的选取与定义 ………………………………… 135

三、变量的描述性统计 ………………………………… 135

四、相关性分析 ………………………………………… 136

五、回归分析 …………………………………………… 137

第五节 对股权激励实证结果的讨论与推论 ………… 140

一、关于 U 型曲线关系的讨论 ……………………… 140

二、关于自然人控股公司股权激励的推论 ………… 142

第七章　自然人控股公司综合治理特征与绩效的实证研究 …… 143

第一节　问题的提出 ………………………………… 143

第二节　变量的确定及定义 ………………………… 144

一、被解释变量 …………………………………… 144

二、解释变量 ……………………………………… 144

三、控制变量 ……………………………………… 144

第三节　相关性分析 ………………………………… 146

第四节　多元回归分析 ……………………………… 147

一、模型的建立 …………………………………… 147

二、多元回归分析结果 …………………………… 148

第五节　对实证结果的进一步分析与讨论 ………… 153

一、基于委托—代理关系的理论特征 …………… 153

二、股权结构特征与绩效 ………………………… 153

三、董事会、监事会的治理特征与绩效 ………… 155

四、高管的股权激励特征与绩效 ………………… 156

五、机构投资者治理特征与绩效 ………………… 158

第八章　研究结论与展望 ………………………… 161

一、主要实证结果的汇总与分析 ………………… 161

二、主要结论 ……………………………………… 163

三、主要贡献 ……………………………………… 164

四、需要进一步开展的工作 ……………………… 165

附　表 …………………………………………………… 167

参考文献 ………………………………………………… 171

后　记 …………………………………………………… 185

第一章 绪 论

第一节 研究背景与问题的提出

对公司治理的研究最早是基于现代企业所有权与经营权的分离，管理层在公司中处于控制地位的这一现状，人们试图通过对企业治理结构的设计，实现在两权分离条件下所有者与管理者权利和利益的均衡。20世纪80年代以后，随着现代企业经营环境与经营活动的发展与变化，如机构投资者的兴起、经理人控制问题的日益严重，使得公司治理问题的研究成为一个世界性的话题。人们越来越认识到，通过建立良好的公司治理机制，不仅有利于降低代理成本、提高企业内在价值，而且有利于资金的优化配置，促进经济持续稳定地增长。世界各国的证券监管部门、交易所及国际机构纷纷加入到公司治理运动的行列中，推出了各种有关公司治理的原则、最佳行为准则等。

目前国外对公司治理的理论与实证研究，主要是围绕公司内部产权安排的重要性（股东控制模式）和研究外部治理机制对在职经营者的约束（市场控制模式）两条主线展开的。对内部治理的研究主要是从融资结构的选择与公司绩效的关系、股权结构与公司绩效的关系以及经营者激励等角度进行研究。[1] 而外部治理研究则强调经理市场和产品市场充分的竞争可以自动约束经理行为，并解决由所有权和经营权分离而产生的激励问题。

中国的公司治理的研究事实上是伴随着中国企业改革历程产生和发展的。尤其是1992年以后，随着中国社会主义市场化进程的进一步加快和《公司法》的颁布，对公司治理的研究得到进一步深化，比较有代表性的人有青木昌彦、钱颖一、吴敬琏、张维迎等。[2~4]随着中国资本市场的不断发展，对上市公司治理结构的研究逐渐成为研究的主流。众多学者从股权结构、债权结构的诸多角度对中国上市公司的治理结构以及影响绩效的因素进行了理论和实证分析。但是笔者注意到，上述研究大都是将上市公司作为一个整体进行分析。近几年来，随着中国市场经济的深化，民营经济在国民经济中的地位日益突出。众多的民营企业通过买壳、借壳或者直接发行上市等方式成为证券市场的一员，民营上市公司也渐渐成为一类引人注目的主体。至2004年年底，在上交所挂牌的民营上市公司就有212家，占上交所上市公司总数的1/4强，所以民营上市公司的治理又成为学者们的研究热点。[5]但是这些众多的民营企业大都是由最终控制人通过层层叠叠的法人企业，以错综复杂的关联交易掌控着上市公司。这种持股结构使公众公司处于私人控制链的最下端，实际控制人很容易通过关联交易等手段，向控制链上端自然人直接控制的私人公司传输公众公司资金，最终侵害公众股东的利益，这样的事例在中国很多。当然，造成这种特殊的股权结构是由中国的改革历程及相关的法律所决定的。由于中国的企业改革是以国有企业的股份制改革为主线的，民营企业上市受到多种条件的限制，所以只好间接上市（买壳、借壳等）。在法律上，1997年7月前，法律规定自然人持有上市公司的股份不能超过总股本的0.5%，因此自然人不可能成为上市公司直接控制人。1999年7月施行的《证券法》取消了自然人的持股限制，自然人和法人一样，都可以成为上市公司的发起人，于是，自然人直接控制上市公司才有了可能。2001年中国第一家自然人控股的上市公司——天通股份终于上市。到2006年年底，经过全数核查中国境内的上市公司发现：第一大股东为自然人的共有43家，其中上交所有18家，在深交所的中小企业板中有25家，这为研究提供了可靠的数据。随着我国企业改革的不断深入，中小型民营企业、家族企业将会在中小企业板不断上市，届时将会有更多的自然人控股公司涌现出来（截至2007年12月31日有80家）。

自然人控股公司在中国产生6年来，这些由民营的中小型企业改制而成的上市公司有何治理特征？其与公司业绩有何关系？到目前为止，没有人对其进行系统的研究。由于该类公司的治理必然表现出与其他公司不同的特征，因此对自然人控股上市公司进行单独研究，就显得格外有意义。本书将以自然人控股的42家样本（去除ST新智）为研究对象，对其治理特征、治理机制、治理绩效等进行系统的研究与分析，试图找出两权再度重合的自然人控股公司的治理特征与治理绩效的关系，找出经典的两权分离的委托—代理理论在自然人控股公司的具体运用中所体现的特殊性，找出自然人控股公司的治理机理，希望在理论上能有所突破，并对民营企业、大股东控制及国有控股公司的治理将起到一定的借鉴作用。

第二节 相关概念的界定

一、自然人控股公司

所谓自然人控股公司是指自然人为第一大股东的公司，即那些由自然人直接或间接控股的股份制公司。自然人控股公司所有权结构主要有两种形式：一是自然人直接控股；二是自然人以控股公司形式间接控股。本书主要是指自然人直接控股的上市公司。

需要说明的是：第一，本书不包括没有上市的自然人控股公司。因为一些非上市的中小型公司，其所有权与经营权并没有分离，公司治理问题也并不严重，并且数据来源困难，所以不在本书之内。第二，自然人通过法人持股而间接控制上市公司，可归入法人持股的研究中去，它应具有法人持股的一般特点，所以也不在本书之内。

二、民营上市公司与家族上市公司

根据上海证券交易所研究中心的定义：民营上市公司系指民营企业直接或间接控股的在证券交易所正式挂牌交易的股份有限公司，即公司最终控制人为自然人的上市公司。周秀云将"民营上市公司"界定为境内民营企业或者自然人拥有控制权的 A 股上市公司，包括民营企业绝对或相对控股的上市公司、自然人作为主要发起人或拥有控制权的上市公司、在"国退民进"中股份转让尚未完成但已实施托管经营的上市公司等。[6]

而对于家族企业，不同的学者有不同的定义。盖尔西克侧重从所有权的角度来定义家族企业，认为不论企业是以家庭命名还是好几位亲属在企业的高层领导机构里，都不能由此确定某一企业是家族企业，能确定其为家族企业的是家庭拥有所有权。[7] 鲁亚曦认为，家族企业是指以血缘关系为基本纽带，以追求家族利益为首要目标，以实际控制权为基本手段，以亲情第一为首要原则，以企业为组织形式的经济组织。笔者认为，家族式企业泛指在经济领域中存在的具有家族特性的各种企业组织。这种家族企业往往是一个经济意义上扩大的家庭，承担一定的经济功能，其产权结构高度集中，一般控制在家族手中；所有权与经营权分离的程度视企业主意愿而定，决策通常由家族代表或家族集体作出，来自于外部的市场监控度较小，企业监控主要来自家族内部，其主要特点是血亲关系。以上所定义的家族企业公开上市了，则称为家族上市公司。

从上述的几个概念的界定来看，本书所界定的自然人控股公司都是民营企业，反之，民营企业并不一定是本书所指的自然人控股（直接控股）公司。自然人控股公司既包括家族制公司也包括非家族制公司。因此，自然人控股公司的治理既有民营企业、家族企业的特性，又有其自己的特点。

三、企业所有权

学术界关于"企业所有权"（ownership of the firm）这个词的界定大致可以分为以下三类观点：一是侧重于用剩余索取权来界定企业所有权，同时将剩余控制权与剩余索取权相结合；二是侧重于用剩余控制权来界定企业所有权，同时将剩余索取权与剩余控制权相结合；三是用剩余控制权和剩余索取权的统一来界定企业所有权。

1. 侧重于用剩余索取权来界定企业所有权

"剩余索取权"（residual claimant right）这一概念最早是由经济学家阿尔钦（A.Alchain）和德姆塞茨（H.Demsetz）在 1972 年发表的《生产、信息成本和经济组织》一文中提出来的。[8] 该文被认为是产权学派企业理论的代表作。该学派企业理论的特点在于把企业内部的激励机制同剩余索取权和财产所有权结合在一起，其中剩余索取权是全部理论的核心所在。他们指出："正是这个全部权利的集合定义了古典企业（资本主义、自由企业）的所有权（或雇主）：①成为对剩余产品有索取权的人；②观察投入行为；③成为对投入的所有契约来说是共同的中心缔约人；④改变这个团队的成员人数；⑤卖掉这些权利。"事实上在一定程度上意识到了后来由格罗斯曼和哈特 1986 年界定的剩余控制权。中国的汪丁丁就是从剩余索取权的角度来看待企业所有权的，他指出，"从制度经济学角度看，企业的所有权就是对企业经营的'剩余'或利润的独占权利"。[9]

2. 侧重于用剩余控制权来界定企业所有权

"剩余控制权"（residual rights of control）这一概念最早是由经济学家格罗斯曼（S.Grossman）和哈特（O.Hart）在 1986 年发表的《所有权的成本和收益：纵向一体化和横向一体化的理论》一文中提出来的。格罗斯曼和哈特把剩余控制权看做企业所有权。他们指出："企业由其所拥有的资产（如机器、存货）组成，所有权就是购入的控制这些剩余的权利。"该文同时指出，由于企业的契约是不完备的，所以，谁拥有剩余索取权就变得至关重要了，因为它能影响每个企业参与人事后讨价还价的既得利益状态。[10] 在格罗斯曼和哈特的基础上，哈特 1995 年进一步对企业所有权这个概念作了深入研究。哈特说："既然合同不可能对每一种可能情况下资产使用的所有方面都作出规定，那么谁有权利来决定合同未提及的用法呢？按照产权观点，有关资产的所有者拥有这种权利。也就是说，一项资产的所有者拥有对于该资产的剩余控制权，可以按任何不与先前的合同、惯例或法律相违背的方式决定资产所有用法的权力。事实上，拥有剩余控制权实际已被作为所有权的定义。"但哈特还认为，剩余索取权和剩余控制权在大多数情形下是结合在一起的，这是因为：第一，如果剩余索取权与剩余控制权是分离的，那么这种情况就会造成套牢问题。第二，在有些情形中，也许不可能对资产收益流 (return stream) 的全部方面作出度量 (或证实)。第三，在有些情况中，剩余索取权和剩余控制权的分离甚至可能是行不通的。第四，剩余索取权与剩余控制权的分离，会导致公司控制权市场的无效率。[11]

3. 用剩余控制权和剩余索取权的统一来界定企业所有权

明确把剩余控制权和剩余索取权结合起来，用二者相统一的观点来界定企业所有权的是著名经济学家米尔格罗姆 (P.Milgrom) 和罗伯茨 (J.Roberts)。他们于 1992 年用剩余控制权和剩余索取权的统一定义了财产所有权和企业所有权，并且指出效率最大化要求企业剩余索取权的安排和剩余控制权的安排应该对应 (matching)。[12] 中国的张维迎界定了"企业所有权"的概念，指出，"企业所有权指的是企业的剩余索取权和剩余控制权 (企业本身作为'法人'又可以作为财产的所有者)。剩余索取权是相对于合同收益权而言的，指的是对企业收入在扣除所有固定的合同支付 (如原材料成本、固定工资、利息等) 的余额 (利润) 的要求权。剩余控制权指的是在契约中没有特别规定的活动的决策权"。

需要注意的是，阿尔钦和德姆塞茨于 1972 年强调用企业的剩余索取权来界定企业所有权，但他们在一定程度上注意到了剩余控制权；格罗斯曼和哈特于1986年用剩余控制权来界定企业所有权，但在进一步的研究中，哈特于1995年强调剩余索取权和剩余控制权在大多数情形下是结合在一起的。可见，学术界比较普遍认同的关于企业所有权的定义是：企业所有权是指剩余控制权和剩余索取权。

四、公司治理的内涵

公司治理（Corporate Governance）的内涵，主要有 OECD（经济合作与发展组织）、世界银行、英美学者及中国内地学者中较为有影响的几种代表性的观点。

根据 OECD 的定义，公司治理是现代企业制度中最重要的组织结构，它是指对与公司相关的各方关系安排和处置。从狭义上来说，它是指公司内部组织管理架构上的利益和权力关系的安排和处理；从广义上来说，它还包括公司与其外部的利益和权力的安排和处理。具体来说，它主要是对利益的利用和对权力的监控制约之间的博弈游戏安排。也就是股东、董事会和经营层之间的相互利用、相互制衡的组织结构安排的形式。

世界银行的定义。公司治理体系可从公司的角度与公共政策角度两个层面来探讨：一是就公司的角度（内部机制）而言，公司治理系指公司在符合法律与契约的规范中，建立可促成公司价值最大化之机制，且公司的决策机构——董事会必须要平衡股东以及各种利害关系人的权益，以创造公司的长期利益。二是就公共政策角度（外部机制）而言，公司治理系指社会在支持企业发展的方向下，同时要求企业运用其权力之际，善尽其应有的责任，亦即经济体系应建立市场规范机制，以提供公司负责经营人员合理报酬之诱因，并可保障利害关系人的权益之纪律。

英美及内地学者的主要观点。公司治理实际上是委托—代理问题、不完全合约理论等问题研究的逻辑延伸。从这个角度出发，张维迎于 1999 年认为，公司治理就是这样一种解决股份公司内部各种代理问题的机制，它规定着企业内部不同要素所有者的关系，特别是通过显性和隐性的合同对剩余索取权和控制权进行分配，从而影响企业家和资本家的关系。[13] Zingales 于 1997 年将公司治理看成是"一系列复杂的约束"，这些约束将决定企业的各参与方在事后对企业产生的"准租金"（quasi-rent）进行讨价还价的能力。"准租金"是由于不完全合约所导致的，[14] 因此，公司治理主要用来事后界定不完全合约下无法覆盖的各种利益配置。这些定义从公司治理的理论基础出发，有助于对公司治理本质和所面临的问题的理解。

还有一些学者从参与企业合约的具体对象出发，给出了公司治理的各种定义。例如，Shleifer 和 Vishny 于 1996 年强调了资金提供者在公司治理中的重要性，认为公司治理"主要研究如何降低代理成本，保证公司的资金提供者获得回报"。[15] 而田志龙则着眼于公司经营者的监督和激励，他指出，"公司治理既是指研究公司经营者监督与激励问题的学问，也常常指解决上述问题的组织结构、体制或制度"。Philip Cochran 和 Steven L.Wartick 指出，"公司治理问题包括在高级管理阶层、股东、董事会和公司其他的相关利益人的相互作用中产生的具体问题。构成公司治理问题的核心是：①谁从公司决策/高级管理阶层的行动中受益；②谁应该从公司决策/高级管理阶层行动中受益。当在'是什么'和'应该是什么'之间存在不一致时，一个公司的治理问题就会出现"。[16]

20 世纪 90 年代初始，我国的经济学界已对公司治理问题开始从各个不同的角度进行介绍和阐述，吴敬琏、张维迎等首先提出要在国企改革中借鉴和吸收当代公司治理理论。[3~4] 青木昌彦、钱颖一则认为，公司治理作为一套制度安排，是用来支配若干在企业中有重大利害关系的团体，包括投资者、经理、工人之间的关系，并从这种制度中实现各自的经济利益。公司治理结构应包括：如何配置和行使控制权；如何监督和评价董事会、经理人员和职工；如何设计和实施激励机制等。[2]

有关资料表明：国内外有关公司治理或公司治理结构的概念定义多达二十几种。归纳起来看，对于公司治理的含义，国内外学者的观点总体上分为两大类：一种侧重于公司治理的动态含义，认为公司治理是一种解决所有者和经营者之间委托—代理关系的行为，认为公司治理确保代理人按照股东或者其他相关者的利益行事，对企业中因不完全合约而导致的代理问题的解决；另一种侧重于其静态含义，认为它是通过构建激励监督机制以解决所有者与企业内部人员之间委托—代理问题的一整套制度安排，强调的是解决所有者与企业内部人员委托—代理关系的各种机制或制度。[17] 无论在动态含义上还是在静态含义上，企业治理问题都与企业所有者及其拥有的所有权密切相关，甚至许多学者把二者看成几乎是同一个意思。实际上，沿着"所有者（股东）的所有权结构→监督约束机制（董事会）→保证经营者（高级管理者）按所有者及其他利益相关者的利益行事"的逻辑主线，就已反映出公司治理基本问题的实质，进而形成了公司治理的主体框架。所以作者认为科克伦和沃提克对公司治理的内涵界定是最为简单而恰当的，见图1-1。

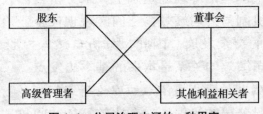

图1-1 公司治理内涵的一种界定

资料来源：孙永祥：《公司治理结构：理论与实证研究》，上海人民出版社，2002年。

综合上述分析后，作者认为，两权分离不仅是代理问题产生的起因，也是提出公司治理问题和发挥公司治理作用的必要前提。两权分离的程度不同，进而衍生出不同的公司类型和治理模式：两权分离程度高，股权分散，形成了英美的外部治理模式；两权分离程度低，股权集中，形成了德日的内部治理模式和东南亚的家族治理模式。而且公司治理具有配置剩余索取权和剩余控制权的功能。其作用正是在于如何合理配置公司的所有权、经营权与控制权，以达到各参与方投、责、利的适当配置，进而提高企业绩效。本书将重点研究两权再度部分重合条件下的自然人控股公司的所有权制度、治理机制和激励约束机制等问题。这些机制不仅存在于公司的内部，如企业的股权结构、董事会的构成等，而且也存在于公司的外部，如涉及公司治理的法规政策、职业经理人市场、机构投资者参与治理问题等。

第三节　研究目标与研究思路

一、研究目标

1. 分析自然人控股公司特殊的委托—代理关系

本书的主题是自然人控股公司的治理理论与实证研究。其核心思想是在委托代理理论等理论基础上，来分析自然人控股公司的治理特征、治理机制与公司绩效，从而实现现代企业治理机制的合理构建以及企业的持续发展。因此，分析自然人控股公司特殊的委托—代理与公司绩效的关系是本书的基本出发点。

2. 构建自然人控股公司治理的理论研究框架

自然人控股公司的治理是一个比较复杂的问题，涉及不完全契约理论、委托—代理理论、产权理论等基本理论；以自然人控股公司的所有权（股权）特征与治理的关系为逻辑基点；以大股东治理作用问题、董事会治理作用问题、高管的股权激励问题为研究纬度。在该框架内，将基于相关理论及分析，为自然人控股公司的治理特征与绩效的实证研究提供理论指导。

3. 探索自然人控股公司三个重要的治理问题

第一，自然人控股公司大股东治理作用问题。自然人控股事实上就是大股东控制问题。因此，需要研究大股东的监督作用、监督机理及其所带来的过度监督与侵占问题，进一步探索这些问题的解决办法。第二，自然人控股公司的董事会治理作用问题。董事会既是所有者的代理人，又是经理层的委托人，历来被视做解决股东与经理之间代理问题的重要机制。自然人控股公司董事长往往是第一大股东，本书试图探索自然人控制下的董事会作用的特殊性及其对公司绩效的影响。第三，自然人控股公司高管的股权激励问题。自然人控股公司由于是民营企业，大部分还是家族企业，许多高管是公司的创始人或家族成员，因此高管的持股比例比国有控股公司高，在这种情形下，高管持股是否还具有激励作用？其对公司业绩是否还有显著影响？这些都是本书要探索的问题。

4. 重新认识传统的委托—代理理论

通过对自然人控股公司几大治理问题的详细分析，找出两权再度重合的自然人控股公司的特征与公司治理、公司绩效之间的关系。试图找出经典的两权分离的委托—代理理论在自然人控股公司的应用中所体现的特殊性，如基于委托—代理理论的股权激励在自然人控股公司中有何异同？进而说明任何理论的运用都有一定的适用性，或者说在不同的情境下，其结果是有差异的。这会使我们站在更科学的角度来认识和理解传统的委托—代理理论。

二、研究思路

本书把研究的立足点放在具有特殊委托—代理关系的自然人控股公司的治理问题上。由于自然人控股公司的所有者（大股东）同时也是企业的代理人，这种特殊的委托—代理关系衍生出公司治理结构的特殊性，具体表现在股权集中度高、高管持股比例高、两职合一程度高等多方面。因而形成了不同于其他公司的所有权制度，且其治理机制和激励机制作用的发挥也有所差异。对这些问题进行研究，以期得到某些启示。其研究思路主要是：在梳理文献的基础上，以不完全契约理论、委托—代理理论、产权理论作为研究的理论基础；以自然人控股公司特殊的所有权制度所衍生的治理特征为主线，分析其与公司绩效之间的关系；重点研究自然人控股公司的三个治理问题，并对这些问题进行基于数理模型的理论分析或实证分析，使所研究的成果具有一定科学性和适用性，研究思路如图1-2所示。

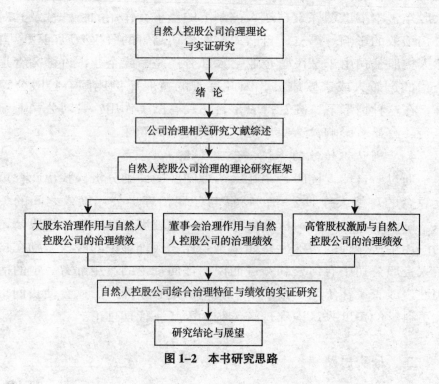

图1-2　本书研究思路

第四节　研究方法

本书所采用的研究方法如下：

（1）定性分析与定量分析相结合的分析方法。公司治理与公司绩效的研究涉及多种因素，本研究采用定性分析与定量分析相结合的研究方法。定性分析自然人控股公司治理理论体系；定量分析自然人控股公司治理特征与绩效间的关系。

（2）基于数理模型的规范研究。对股权制衡进行博弈分析，对一般公众公司股权激励的作用及"最优解"进行简单的数学推导。

（3）实证分析方法。本书选取截至 2006 年年底的中国上市公司中第一大股东为自然人的全部样本，收集了 2004~2006 年的公司治理的相关数据进行统计，并运用 SPSS13.0 软件包进行分析，以期找出自然人控股公司的治理特征对公司绩效的影响，为我国民营企业的公司治理提供实际参考。

本研究与以往学者的实证研究相比较有两点不同：一是分析方法的角度不同。以往学者们的研究大都仅从局部角度（如从公司治理的某一特征进行研究）或仅从整体角度（公司治理多个特征）进行实证研究，而本研究则是既有局部针对性的分析，也有整体综合性的分析，使研究成果更具科学性。二是样本的选取方法不同。以往众多学者的样本大都是抽样检验，而本书是基于小样本的全数检验，提高了研究成果的准确性。

第五节　本书结构与内容

本书共有八章，具体内容说明如下：

第一章：绪论。在这一章中，介绍研究背景及相关概念，提出本书将要研究的问题、研究目标、研究思路、研究方法及研究内容等，进而形成本书的研究结构。

第二章：公司治理相关研究文献综述。其一，从所有制与公司治理进行综述；其二，从大股东治理研究方面进行综述；其三，从董事会治理方面进行综述；其四，从经理层的激励研究方面进行综述；其五，从自然人控股公司与治理方面进行综述。

第三章：自然人控股公司治理的理论研究框架。首先，阐述框架的理论基础，这是作者分析问题的根基；其次，分析自然人控股公司的一般特征；最后，比较分析自然人控股公司与国有控股公司及其他类型公司的治理特征，进而指出自然人控股公司当前面临的三个重要的治理问题，也就是本书后面将要重点研究的内容。

第四章：大股东治理作用与自然人控股公司的治理绩效。首先，阐述大股东对公司治理的监督作用及监督的机理；其次，从理论上分析大股东监督所带来的过度监督和大股东侵占问题以及对此问题的解决；再次，通过博弈分析来研究大股东在不同信息条件下的作用，也就是分析大股东发挥作用的条件；最后，针对我国自然人控股公司股权控制与治理绩效的关系进行实证研究，进而得出研究的结论。

第五章：董事会治理作用与自然人控股公司的治理绩效。首先，从理论上分析董事会作用的本质及其有效发挥作用的约束条件，并从理论上阐述董事会制度的研究逻辑；其次，分析中国自然人控股公司董事会的治理特征，指出自然人控股公司与众不同的是董事长权威治理和家族控制的作用，通过实证分析，研究自然人控股公司董事会治理特征与公司绩效的关系，并对实证结果进行分析与讨论。

第六章：高管股权激励与自然人控股公司的治理绩效。首先，通过简单的数学推导，从理论上分析一般公众公司股权激励的作用、激励效应及最佳规模问题；其次，分析自然人控股公司股权激励的特殊性；最后，通过实证研究自然人控股公司高管股权激励与治理绩效的关系，并分析实证的结论。

第七章：自然人控股公司综合治理特征与绩效的实证研究。第四章、第五章、第六章都只是从局部来研究治理特征与绩效之间的关系。其实，公司绩效与很多因素有关，且这些因素之间相互联系、相互作用，对公司绩效起到综合的影响。这种综合影响与局部分析的结论未必一致。因此，本章在确定比较系统的指标之后进行综合的相关分析与回归分析，得出综合性的结论，并对其结论进行详细的分析，提出建设性意见。

第八章：研究结论与展望。它包括：主要研究成果及结论、主要贡献及进一步需要开展的工作。

第二章　公司治理相关研究文献综述

公司治理理论的提出及其系统性研究，在国外始于 20 世纪 80 年代，在国内则始于 20 世纪 90 年代中期。比较典型的早期有关研究是 1932 年伯利和米恩斯（Berle and Means）关于公司所有权与经营权分离的论述，1971 年，Mace 关于美国公司董事会实际作用与理论上认定的和法律上界定的作用之间具有很大差别的论述，以及詹森和梅克林（Jensen and Meckling）1976 年关于代理成本的开创性的论述。一般认为，最早提出与公司治理类似概念的是威廉姆森（Williamson）。1975 年威廉姆森提出的是"治理结构"的概念，与公司治理的含义已较为接近。国内有代表性的有关公司治理的文献是周小川等的论著。周小川等认为国有企业改革的关键在于对国有企业进行公司制改组，而公司制改组的核心是建立合理的公司治理结构。合理的公司治理结构就是要界定好所有者、董事会和总经理的关系。他们认为，组建由全国人民代表大会负责的国有控股公司，是重构国有企业所有权框架的一种可选思路。周小川等人还较早地提出了债转股的思路，并且，建议应培育资本市场。[18]张维迎于 1995 年在其影响极大的博士论文中，用西方经济学的工具论证了资本的必然性，从而，对所有制问题以及国有企业占主导的经济中经理市场的形成，提出了自己的鲜明的观点。[19]青木昌彦、钱颖一提出了内部人控制的论述，对转轨经济这种独特的经济形态中的公司治理进行了探讨。[20]张承耀、费方域则结合中国的国企改革，深入研究了内部人控制现象，提出了控制内部人控制的一些措施。[21-22]综上所述，从对国内外有关公司治理早期文献的研究中可发现两者的差别，即前者是专门以资本主义企业作为研究对象，后者则主要以社会主义国家的国有企业或转轨经济中的国有企业为研究对象；前者研究的历史、范围和深入程度不是后者所能比拟的。总之，关于公司治理的研究基本上可分为理论与实证两大方向。[23]

第一节　关于所有制与公司治理

所有制问题是经济理论界讨论的一个重要命题。早在 19 世纪下半叶经济学家和社会学家便对所有制问题极为关注，当时的讨论集中于私有制存在的一些矛盾及其作为一种所有制形式在处理社会目标方面的不足之处进行阐述；到了 20 世纪后期，对所有制的讨论则伴随着世界各地私有化的进程又趋激烈。但对于所有制与公司治理的关系的论述，总体而言是欠缺的。其主要原因，可能在于西方经济学家往往认为公司的所有制天然属于私有制，无须区分所有制问题。

阿尔奇安和登斯茨于 1972 年对以盈利为目的的私有企业与社会主义企业的差异作了简要论述。詹森和梅克林 1979 年指出苏联的国有企业在运行过程中，对个人而言往往得不到适当激励。哈特则对市场机制作为企业运作过程中的激励安排作了阐述，他的观点被很多国内经济学家所引用，认为引入市场竞争机制是解决国有企业问题的可行途径。詹森和梅克林对代理成本的开创性论述，法马和詹森（Fama and Jensen）1983 年关于资本主义公司中所有权与控制权分离的论述，对于分析现有企业中的委托—代理关系具有很大的启示。我国的经济学家张维迎、杨瑞龙、刘迎秋等借鉴了西方的委托—代理理论，对我国国有企业的委托—代理关系进行了阐述。张维迎认为，国有企业的委托—代理关系是多层委托代理，而初始委托人的最优监督积极性和最终代理人受监督下的最优工作努力，都随着共同体规模的扩大而严格递减。[24]杨瑞龙对国有经济中的多层委托—代理关系作了阐述，指出国有经济中初始委托人的行为能力偏弱，缺乏监控代理人的动机和能力，而国有制是对全民所有制的一种帕累托改进。[25] 刘迎秋提出国有企业改革的关键在于创建国有产权委托人选择机制，而不是选择好的国有资产经营代理人。[26] 当然这就涉及政治体制改革的问题。林毅夫等则对国有企业多层委托—代理关系理论提出了批评。指出私有公司与国有公司在委托—代理的层次上没有实质性差别，从信息流动与监督的角度看，多层委托—代理关系与私有企业内部科层制度中的多个阶层的情况十分相近。认为当一个竞争性的市场解决了充分信息问题之后，每个层次的信息都是透明的，责任也是明确的，委托—代理关系就不会因为层次不同而产生差异了。[27] 张维迎 1999 年指出即便是以国有股为主导的公司化改革，也解决不了经营者选择的问题，而最终可能的解决办法在于民营化。只有从根本上改革产权制度，使得经理的个人收益与企业价值更为对应，或创造出有赎买积极性和能力的股东，才能更好地推进有效率兼并的发生，同时避免无效率兼并的出现。因此，他对国有公司与私有公司的倾向性是非常明显的。施雷佛（Shleifer）也指出私人所有制对于激励资本所有者不断创新具有极端的重要性。他批评有关私有公司无法解决"社会目标"的观点是错误的，因为社会目标的解决不一定要诉诸国家所有。[28]

对所有制与公司治理问题的研究涉及转轨公司的治理。博伊科克（Boycko）于 1994 对国有公司私有化的不同方式作了探讨。指出从经济上而言，英国、前民主德国、匈牙利和亚洲一些国家直接出售方式是效率较高而且被证明为较成功的私有化方式，但东欧国家与前苏联之所以采用大众私有化方式，是有其历史的与现实的政治原因的。政治家的因素直接决定了大众私有化的方式乃至私有化后的公司治理结构。[29] 博伊科克等（Boycko、Shleifer and Vishny）1996 年从自己建立的一个模型中得出结论认为，私有化是解决政府官员腐败的有效手段，即从根本上防止利用国有企业追求官员个人目标，而国有企业私有化后也必将提高其效率。[30] 琼斯和迈金德

(Jones and Mygind) 对爱沙尼亚私有化以后公司情况的实证分析显示，私有化过程中形成的所有权结构具有内在的惰性。其研究表明，有关私有化理论所预测的随着私有化的完成和二级市场的建立，市场主体会对有利于资源配置的经济信号作出反应，进而通过股权的流动而导致所有权结构优化的假说可能并不成立。[31]埃斯特林和罗斯维尔（Estrin and Rosevear）对1997年150家乌克兰私有化以后的公司的实证研究显示，私有化对乌克兰公司而言，没有产生绩效的改善和出现预想中的重组。他们的研究还得出结论认为，公司的所有权无论归于外部人所有还是归于内部人所有，或者是归于经理或职工所有，公司的绩效并无较大的差别。[32]埃斯特林和赖特（Estrin and Wright）对俄罗斯等独联体国家和波罗的海沿岸三国的公司治理的情况进行研究，认为俄罗斯等独联体国家和波罗的海沿岸三国在建立有效的公司治理方面落后于中欧国家，原因在于这些国家较普遍地采用大众私有化的方式，而不是如后者一样较多地采用直接出售的方式。[33]李维安主张在借鉴发达国家公司治理模式的基础上，建立适应中国特点的"经济型"治理新模式。我国国有企业由"行政型"治理向"经济型"治理转型，不仅要构建合理制衡、科学决策的内部治理结构，而且要强化外部监督机制。[34]

中国的国有企业改革事实上是采用渐进改革的方式，且取得了巨大的成功，进而验证了一些著名学者的一些观点，如张维迎1998年提出的国有企业民营化的观点。到如今，民营企业的快速发展已占据了我国国民生产总值的半壁江山，为研究公司治理问题提供了理论及实践基础。

第二节 关于大股东治理

尽管人们曾一度将1932年Berle和Means所描述的高度分散的所有权模式看做现代公司的基本特征，但也有许多文献对其提出了质疑。如 Demsetz 和 Lehn1985 年认为，如果需要，高度分散的所有权完全可以集中起来以实现对经理的监督。[35] 实际上，Holderness 和 Sheehan 于 1988 年在美国证券市场也发现了 100 多家存在绝对控股股东（即持股比例超过 50%）的上市公司，[36] 且关于欧洲以及亚洲等国 2000 年研究则进一步证明，集中的所有权（特别是控制权）似乎更为普遍（Claessens 等，La Porta 等，Morck 等）。[37] 因此，大股东在公司治理中的作用近几年来受到了普遍关注。

一、关于大股东治理的理论研究

20 世纪 80 年代以来，随着对大股东问题的关注，大股东参与治理以及与公司绩效之间的关系问题再度成为理论和实证研究的重要课题。

理论上，由于在公司有更大的收益要求权，大股东有强烈的动机对经理进行监督，而相对集中的控制权也保证了大股东可以对公司决策行为施加足够的影响力。例如 Shleifer 和 Vishny 1986 年给出了一个模型用来说明，当公司经理人员存在牺牲股东利益建造个人帝国的行为时，大股东可以通过代理权争夺或接管的方式将其撤换。Harris 和 Baviv、Stab、Grossman 和 Hart 于 1988 年以及 Beahuk 于 1994 年也都从理论上对大股东在公司治理中的作用进行了证明。但也有文献认为，大股东的存在可能导致公司某些成本的增加。这些成本包括：首先，Burkart 等 1997 年认为大股东对公司的过度干预可能限制经理人员的非合同性人力资本在公司的投入以及对工作的积极主动意识。其次，Huddart、Admati 等 1994 年认为大股东为了获得足够的控制权必须将大量的资本集中在同一公司，从而无法通过分散化的投资规避风险。另外，大量财富的过度集中还会降低股票市场的流动性，而流动性的降低对大股东监督作用的消极影响已被许多文献所证明。最后，Shleifer 和 Vishny1997 年认为，大股东可能凭借其对公司的控制权利用公司资源谋取私利，特别当大股东通过金字塔、交叉持股以及双重股票等方式实现对公司的控制时，由于现金收益权与投票权的严重背离，大股东的寻租行为可能更为严重。自 1998~2000 年还有众多学者持有此观点，如 Burkart、Bechuk、Wolfenzon 等。以上分析表明，大股东对公司价值的影响从理论上来讲是模棱两可的。

二、关于大股东治理的实证研究

关于大股东参与治理以及大股东的股权结构对公司绩效影响的实证研究文献非常多，但却得出了不同的结论。

1. 大股东对公司价值的正面影响

大股东对公司价值的正面影响事实上就是看股权集中度对公司绩效的影响，进而体现出大股东的监督作用。早在 1932 年 Berle 和 Means 就提出股权分散程度与公司绩效呈反向相关关系，即股权越分散，公司绩效越难以达到最优，也就是说一定程度的股权集中，有利于公司绩效的提高。[38] Brickley 和 James 于1987 年针对美国银行业的研究发现，股权越集中则企业管理费用越低，公司价值因而提高。[39] Morck、Shleifer 和 Vishny1988 年的研究指出，当企业内部持股人比例在 0~5%或在 25%以上时会对企业的托宾 Q 产生显著正的影响，股权集中与公司盈利能力和股票价格呈正向相关。[40] 研究表明，大股东在监督经理人员方面有积极作用。如 Dherment-Ferere 和 Renneboog 于 2000 年对法国公司的研究则进一步证明不同性质的大股东具有不同的监督作用。另外，Goergen 和 Renneboog 于 2000 年来自比利时的证据也表明不同身份的大股东在监督经理人员方面存在显著差异。Morck 等 2000 年关于日本的研究发现，非银行的第一大股东以及经理人员的持股比例与企业绩效呈显著的正相关关系。Gugler 于 2001 年对澳大利亚、美国和英国市场的研究，同时，Goergen 和 Renneboog 对比利时的研究也发现大股东对企业绩效具有显著的积极影响。Milton 于 2002 年对来自 5 个东亚国家或地区的 398 家公司的研究发现，在 1997~1998 年的金融危机期间，公司的股票价格与大股东的持股比例显著正相关。[41]

国内关于大股东对公司价值正面影响的研究结论有：许小年和王燕于 1999 年对 1993~1995 年沪深股市共 300 多家上市公司的分析表明，股权集中度和绩效之间存在着一定的正相关。对不同种类股权的研究表明，法人股比例和公司绩效正相关，国家股比例与公司绩效负相关，而个人股比例对公司绩效无显著影响。在此基础上，他们一方面肯定了股权适当集中的必要性；另一方面强调了法人股对替代国家股在改善公司绩效和推动整体的市场化改革方面的作用。[42] 周业安于 1999 年对随机抽取的 160 家上市公司 1997 年数据进行实证研究后认为，国有股、法人股和 A 股流通股均对净资产收益率有显著的正面影响。[43] 张红军于 2000 年得出的结论是股权结构的一定集中是必要的。[44] 陈小悦和徐晓东 2001 年的实证结果表明，在非保护性行业，公司绩效是第一大股东持股比例的增函数。[45] 吴淑琨 2002 年的研究结果表明，第一大股东持股比例与公司绩效正相关。[46] 苏武康 2003 年的研究表明，公司控股股东的存在对于公司绩效的影响是起到促进作用的，股权集中型公司的绩效要优于分散型公司。[47]

2. 大股东对公司价值的负面影响

近年来，大股东侵占小股东利益的证据已经逐渐累积起来。这些证据主要反映在以下几个方面：控制权溢价、公司价值、股利政策、资产转移以及经理更换等。一个国家控制权溢价水平的高低与该国法律体系对投资者的保护程度具有显著的相关性：法律体系对投资者权益的保护越好，控制权溢价水平越低，反之亦然。因此，控制权溢价现象的存在一定程度上可以证明大股东对公司的控制权为其带来了超额收益。Shleifer 和 Wolfenzon 于 2002 年从 Becker 的"犯罪与惩罚"理论出发，证明大股东对其他股东剥削的可能性越大（法律体系对投资者的保护越弱以及所有权与控制权的分离程度越高时），控制权收益越大，从而公司的价值越低。基于股利分配的代理理论，相关文献表明大股东可能通过将更多的利润留在公司实现对小股东的剥削。La Porta 等 2000 年对来自 33 个国家的 4000

家公司的股利政策的研究证实了上述假设。Faccio、Vienna、Gugler和 Yurtoglu 于 2001 年的研究则进一步证实了上述结论。Morck 等2000 年关于日本的研究则表明，在较低的水平上，银行的持股比例越高，以托宾 Q 值衡量的企业绩效越差；这种负相关关系虽然当银行持股比例较高时不再出现，但也不存在持股比例与企业绩效的显著正相关关系。

何浚于 1998 年在对国内上市公司治理结构进行实证分析后认为，我国上市公司的股权结构以及由此造成的内部人控制影响了中国上市公司治理的有效性。[48] 许小年和王燕、刘国亮和王加胜、刘立国等一些学者的研究表明，国有股所占比重与公司业绩呈负相关关系。中国的姜国华、岳衡 2005 年实证显示大股东资金占用和上市公司未来年度的盈利能力呈显著的反比关系，表明其对公司经营的负面影响。[49]

3. 大股东治理的非线性相关

大股东治理的非线性关系，不能简单地说是正相关还是负相关。如 Demsetz 于 1983 年曾提出所有权结构是竞争和市场选择的结果。不同企业的最优所有权结构可能都不一样，企业目前的所有权结构可能就是通过市场所选择的最适合自己的最优所有权结构。[50] Stulz1988 年建立了一个模型证明，公司价值和内部股东持有的股权比例之间存在着某种曲线关系，即公司价值最初随着经理人员持股比例的增加而增加，然后随着经理人员持股比例的增加而下降。[51] Morck 于 1988 年通过实证也得出了类似的结论。[52] McConnell 和 Servaes1990 年考察了 1000 多家公司，发现公司价值与股权结构之间具有非线性关系。内部控股股东股权比例小于 40% 时，托宾 Q 值随控股比例的增大而提高；当控股比例达到 40%~50% 时，公司托宾 Q 值开始下降。[53] Thomsen S.和 Pedersen T.在 2000 年发现，435 家最大型欧洲公司的股权集中度与公司绩效之间的联系是非线性的，以至于股权集中度超出某一点后对绩效有相反的影响。[54] Gedajlovic 和 Shapiro1998年关于德国的研究则证明，股权结构对企业绩效的影响是非线性的，当大股东持股比例较低时，股权结构与企业绩效（总资产收益率）负相关，而随着大股东持股比例的提高，股权结构对企业绩效则有显著为正的影响。

但也有众多学者得出大股东控制与公司绩效不相关。如 Demsets 和 Lehn 于 1985 年发现股权集中度与企业经营业绩会计指标（净资产收益率）并不相关。Hodlerness 和 Sheehan 在 1988 年比较了两种极端情况下的公司托宾 Q 值和会计利润率：拥有绝对控股股东的上市公司和股权非常分散的上市公司（最大持股比例不超过 20%）。通过比较，他们发现这两种公司绩效之间没有显著差异，他们得出的结论是，股权结构和公司绩效之间没有相关关系。[55] Clifford G. Holderness 2003 年认为，股权结构对企业价值影响显著的结论甚少。[56] 2001 年法国 Kremp 和 Sevestrec、新西兰的 De Jong、西班牙的 Crespi-Cladera 的证据则表明，大股东的持股比例对企业绩效没有显著影响。

在国内，孙永祥、黄祖辉 1999 年的结论是，股权集中度影响到公司绩效，第一大股东持股比例与公司的托宾 Q 值呈倒 U 型关系，并且较高的股权集中度与股权制衡度有利于公司价值的提高。他们还提出了股权集中度对经营绩效、收购兼并、代理权竞争和监督机制发挥作用，进而影响公司绩效的假说。[57] 陈晓、江东 2000 年的研究结果是，国有股比例和企业业绩负相关，法人股比例和企业业绩正相关，流通股比例对企业没有影响。[58] 朱武祥等于 2001 年对 1994~1996 年在上海和深圳证券交易所上市的 217 家 A 股公司的研究表明，第一大股东持股比例高低对上市前 1 年到上市后 4 年期间的总资产税前收益率、净资产税前收益率和主营业务利润率等业绩指标中位数变化差异的影响不显著。[59] 杜莹和刘立国 2002 年认为，股权集中度、内部持股比例与公司的绩效（总资产收益率）之间呈现显著的倒 U 型关系；而国家股比例、境内法人股比例和流通股比例与公司绩效之间呈现显著的 U 型关系。[60] 王克敏、陈井勇 2004 年的研究结果表明，股权结构对公司绩效作用的强弱受到投资者保护程度的影响。当投资者保护增强时，大股东对管理者的监督力度降低；当投资者保护减弱时，情况则相反。这表明大股东的存在可以作为投资者保护的一种替代机制。[61]白重恩等 2005 年的研究表明第一大股东持股比例与公司价值负相关而且二者是呈 U 型而不是倒 U 型关系，同时股权制衡对公司价值有正向影响。[62]

三、简单述评

可见，无论是从理论还是实证方面，对大股东的研究一直都在进行，但得出的结论并不一致，甚至是完全矛盾的。尽管不同的实证分析所采用的样本、分析的方法不同都可能导致结论上的差异，但作者认为更多的是由于大股东在不同类型的公司中所起的作用不同，如国有控股公司大股东与民营控股大股东其追逐的目标函数可能不一样（效用函数的差异），国有控股公司是要达到国有资产保值增值，民营控制公司是追逐最终控制人（个人）的利益最大化。正因为如此，大股东的身份不同，服务的主体不同，对董事会及经营层的控制或作用将有所不同，进而影响到公司绩效。

中国的上市公司一开始就是国有股"一股独大"，这已是众人皆知的事情，随着国有企业改革的不断深化与民营企业的迅速发展，家族控股企业、自然人控股企业又继而产生，应该说研究中国的大股东及其治理问题更具有现实意义。在以往的文献中有许多涉及不同类型公司大股东治理的问题如国有控股公司、法人控股公司、民营控股公司，但还没有人对自然人控股公司的治理进行过系统的研究与分析。而自然人控股公司其所有权与经营权的重合度高，必然会有其特有的治理特征，基于传统的委托—代理理论的一些理论推断或实证结论在此将要发生系列的变化，这也正是本书要研究的内容。

第三节　关于董事会的研究

一、关于董事会的理论研究

在公司治理改革席卷全球的背景下，有关董事会制度的研究也成为理论界研究的热点，基于不同理论所提出的观点主要有：

1. 基于代理成本理论的观点

现代企业研究认为，企业是对市场的替代，即通过组织行为来代替价格机制配置企业内部资源，以降低交易费用。而这一替代的代价是代理人的出现及由此产生的约束、激励的成本，也即代理成本。在代理成本理论中，对董事会制度的研究更多地关注股东及其代理人，即经理层的委托—代理关系方面。该理论假设代理人具有有限理性，即经理层的目标是满足自身利益而非实现公司利润的最大化。因此，公司的治理机制，包括董事会制度就应该协调这些代理冲突，从而保护股东的利益。在代理成本看来，作为经理层监督者的董事会的目标是确保经理层与股东的利益一致，使代理成本最小化和股东利益最大化。该理论认为削减代理成本和提升公司价值是董事会明确的任务。

2. 基于现代管家理论的观点

代理理论虽然有助于部分解释所有权与经营权分离所造成的问题，但是，现代心理学和组织行为方面的研究表明，代理理论的某些前提假设，特别是对经营者内在的机会主义和偷懒行为的假定是不合适的，人既有可能成为自利的代理人，也有可能成为无私的好管家。Donaldson 于 1990 年在现代组织行为和组织理论的基础上，提出了一种与代理理论截然相反的理论——现代管家理论。[63] 这种理论认为，经理人天生就是可以信赖的，他们并不会盗用公司的资源，而且成就、荣誉和责任等是比物质利益更重要的激励公司经营者的因素。经营者出于对自身尊严、信仰以及内在工作满足感的追求，会像善良的管家一样勤勉地为公司工作，成为公司资产的"好管家"。因此，现代管家理论认为内部董事对于企业决策的有效性起着非常重要的作用，董事长与总经理的两职合一有利于提高企业的创新自由，有利于企业适应瞬息万变的市场环境，从而也有助于提高企业的经营业绩。[64]

3. 基于资源依赖理论的观点

该理论以对公司中权力分布的研究为基础，主要研究企业与外部环境相匹配的内部结构建设，因此，它更多地关注于董事会的规模及其内部组成等细节问题。在支持这一理论的学者们看来，董事会的规模及其内部组织结构是对外部环境条件作出的合理反应。董事会的结构具有制度功能，通过增加董事会的规模和提高其多样性，公司与它的外部环境之间的联系将得到强化，这将有利于它对关键资源的获得。该理论将董事分为内部董事与外部董事，前者被称为内部人，后者则进一步细分为管理型专家（具有竞争、决策和解决问题优势的专家，多为其他公司的高级经理或董事）、支持型专家（在特定的领域内具有专业特长的专家，如律师、会计师、银行家等）和社团影响者（在解决非商业问题方面具有优势的人士，如学者教授、社团组织代表）三类。该理论认为，由于董事有助于发展公司与其他环境要素之间的联系，因此董事会的责任被认定为是为减少环境的不确定性而提供信息和获取公司运作的资源。为此，该理论支持交叉任职。中国的张维迎、[4] 林毅夫、[27] 杨瑞龙、[25] 李维安[16] 等许多学者都这样认为。

4. 基于内部人控制理论的观点

该理论认为董事会只是法律意义上的一种公司组织形式，而非事实上的治理团体，公司的运营权和控制权实际上是被经理层掌握着。因此，董事会对于遏制经理层和股东之间的代理问题是无效的。根据该理论，随着公司的成长和股本的增加，机构投资者持有公司股份的比例将下降，从而造成大股东对公司控制力的被稀释。

在股东对公司控制力被削弱的同时，经理层对公司的控制力则在相应地提高。受其自我利益偏好的驱动，经理层会更倾向于追求自己目标的实现。取得公司实际控制权的内部人，可以通过保留盈余来进行融资，从而降低其对股东资本的依赖；内部人还可以通过控制董事会成员的选择程序，来达到控制董事会运作的目的。而且，外部董事的选择受内部人的控制，其在公司中的特权和物质激励由内部人决定的情况下，外部董事也是缺乏独立性的；另外，外部董事或因自身经历与知识背景的局限，或因经理层对其获取真实、准确的信息加以阻挠，而无法就公司决策及经营状况作出完整和正确的判断。因此，内部人控制的结果，导致董事会的被动运作，使其难以实质性地参与到公司的决策制定过程中，公司的运营权和控制权实际上是被经理层掌握，起不到应有的监督作用。[65]

5. 基于受托责任理论的观点

在针对经理层的理论假设方面，该理论与代理成本理论形成显著的差别。代理成本理论假设经理层具有机会主义的特征，是以自我利益作为其行为导向的；受托责任理论则认为，经理层具有尽职工作的主动，可以维护资产的价值。因此，在受托责任理论看来，公司经理层经营业绩的提高，依赖于组织结构对公司经营计划的完成具有推动作用还是阻碍作用，以及是否实现对经理层的权力与责任的强化。在这种认识的基础上，该理论支持董事长与首席执行官两职合一，认为公司高层的一致命令，可以转化为对公司经营的更加强有力的控制，从而对股东利益形成正向影响。

二、关于董事会的实证研究

1. 董事会的构成与公司业绩

法马 1980 年认为独立董事引入专职仲裁者行列，加强了董事会实施控制权的低成本内部转移的可能性，也降低了高层管理人员串通和收买股东的可能性。如何建立有效的独立董事约束和激励机制，保证独立董事能够独立地行使职责，是独立董事制度设计的一个重要问题。到 20 世纪 90 年代初，有关外部董事的积极作用，其与公司绩效和价值之间关系的研究则进一步涌现。[66] 至 90 年代中后期，对外部董事制度的研究更趋深入，独立董事制度正是为适应增强董事会的独立性而产生的。

独立董事对公司业绩的影响，可以通过三个方面来理解。第一，独立董事被认为与企业的管理层关联比较少，可以公正地发表意见，监督公司的现任管理者。独立董事为了顾及自身的声望和名誉，一般不会与管理层勾结，他们要通过占有公司董事职位这一身份向市场传递关于自身价值的信号。所以，独立董事敢于在公司业绩不良时提议或投票撤换公司 CEO，以维护股东利益。第二，独立董事可以运用他们的丰富经验、在技术和市场方面的知识帮助企业解决经营上的难题。第三，当政治因素对企业的影响较大时，具备政府背景的独立董事就可以帮助企业进行游说，取得政府支持。

近年来，学者们为了找出是否存在一个最优的董事会构成比例，从如下几个方面作了大量的研究：第一，是选择公司的财务数据来作为公司的业绩指标，用董事会中外部董事的比例来描述董事会结构特征的研究工作，如 Hermalin 等 1991 年、Bhagat 等 2000 年的研究。[67-68] 几乎所有研究都发现，在外部董事比例和财务指标衡量的公司业绩之间，不存在什么显著的相关关系。在直接用财务数据进行分析不能如愿以偿的情况下，学者们也选用了托宾 Q 作为衡量业绩的指标，进行了回归分析，依然没有发现什么特别明显的关系。第二，是避免做变量关系之间的直接回归，转而研究当董事会的构成发生变化之后，企业价值所发生的变化。研究中所使用的方法主要是事件分析法，如 Rosenstein 等 1990 年和 1997 年分别得出了一些结论。[69-70] 但在 2001 年，Hermalin 等、Rosenstein 等对其结论提出了质疑。他们认为，假如公司改变它的董事会构成是为了改变公司的运作效率，并且如果这件事做成了，企业的价值就会增加。当股东能够预见到这个逻辑的时候，公告应该带来股价的上升。所以，Hermalin 等认为Rosenstein 等在 1990 年发现的外部董事任命的公告效应与"董事会构成和公司业绩的关系问题"是无关的。另外，他们也引用 Rosenstein 等在 1997 年文章中关于"某些情况下内部董事的增加也会带来市场积极反应"的发现来进一步说明 Rosenstein 等在 1990 年的论文并没有什么实质性的发现。

在上述两类研究成果并未取得令人信服的预想结果的同时，其他一些关于董事会结构和公司特定行为之间关系的研究却有了令人鼓舞的发现。Weisbach 在 1988 年发现，在外部董事占支配地位（外部董事占董事总数至少 60%）的公司中，CEO 被替换的频率相对于内部董事占支配地位（外部董事少于 40%）的公司要更加快一些。[71] Brickley 和 James 在 1987 年发现，经理的在职消费量与外部董事的比例呈现负相关的关系。[72] Mayers、Shivdasani 和 Smith 在 1993 年用美国互助人寿保险公司行业的样本进行研究发现，公司成本与外部董事在董事会中的比例呈现反方向变动。另外，Brickley、Coles 和 Terry 于 1994 年在对发生接管的公司样本进行研究后，发现股票价格对采用"毒丸"策略的反应与公司董事会中外部董事的比例呈正相关关系。[73] 这也就是说，股东一般相信外部董事在公司遭遇接管问题时会按照股东的利益行事。

2. 董事会规模与公司业绩

最早提出应限制董事会规模的是利普顿和洛尔施（Lipton and Lorsch，1992），认为董事会的规模最好为 8~9 人，最大不应超过 10 人。[74] 随后，詹森（Jensen）于 1993 年采纳前两人的观点，认为随着董事会内人数的增加，"尊敬"和"礼貌"及不让 CEO 难堪的风气会占上风，坦率和追求真理的好作风会遭丢弃。[75] 董事会的规模增大，董事会成员之间诸如"搭便车"等代理问题就会严重起来，因而，他认为董事会人数若超过 7~8 人，董事会将不可能很好地发挥作用，而且很容易被 CEO 控制。这些理论认识与现实情况是相当吻合的。1996 年，纽约大学教授 Yermack 发表了这个领域最重要的工作成果。[76] Yermack 发现，当公司的董事会成员数量在 4~8 人的时候，托宾 Q 值为 1.5~2；而当董事会成员数高于 20 人，托宾 Q 值会下降到 1 以下。他由此做出了这样的假设：董事会的规模会影响董事会监督经理人员的激励和能力，因此会影响企业的盈利能力。由于公司的盈利能力决定公司的市场价值，所以，从逻辑上说，董事会规模与公司价值之间存在反向变动的关系。Yermack 在这个研究中所做的技术工作是非常精致的。他在模型、变量和估计方法选择上都非常讲究。在经过一系列复杂技术处理之后，他得到如下结论：董事会规模小的公司，其公司的市场价值较大；并且，董事会规模和公司价值之间的负向关系随董事会规模扩大呈现边际递减的趋势。也就是说，当董事会的规模从小到大递增的时候，公司价值的损失会从大逐渐变小。据他估计，当公司董事会成员从 6 人增加到 12 人的时候，公司价值的损失与董事会成员从 12 人增加到 24 人时发生的价值损失一样大。如果用反映公司营运效率和盈利能力的财务指标来衡量，董事会的规模与这些财务指标之间都呈现负相关关系。1996 年，Bhagat 等也使用了与 Yermack 相同的业绩指标对董事会规模和公司业绩之间的关系进行了检验，证实了 Yermack 已经发现的负相关关系。不过，当这两位作者改换其他衡量公司业绩的指标后，却不能得出相同的结果。这种情况与在研究董事会构成与业绩之间关系时所遇到的情况相似。艾森伯格（Eisenberg）于 1997 年研究了芬兰大约 900 家中小型公司在 1992~1994 年的数据所组成的样本，研究的意义在于考察在董事会人数小于 6 个人的公司中，Yermack 的发现是否成立。显然，在学术价值上，Eisenberg 等人的研究与 Yermack 的研究有相互衔接的作用。Eisenberg 等人选择 Yermack 的样本，并用这样的样本来检验 Jensen 和 Yermack 的结论，是独具匠心的。芬兰企业的法律环境和公司治理机制与美国有相似的地方。Eisenberg 等的样本企业都是未上市的中小型公司，所以，他们选择财务指标作为公司业绩的衡量指标。经过计量研究，他们发现：董事会规模和公司资产回报率的行业调整值呈现明显的负相关关系，在本质上与大型公司的情况相似。[77]

当然也有一些经验研究发现了董事会的规模和公司规模之间有显著正相关关系的证据。比如，Denis 和 Sarin 的研究表明，在美国董事会大小和公司大小的相关系数为 0.37，Stapledon 和 Lawrence

发现在澳大利亚这一系数为 0.58。但是，现有的国外文献总体而言倾向于认为董事会的规模与公司绩效之间具有相关性。同时，认为董事会规模越小越好。李维安 2001 年通过对百家上市公司的实证研究表明：我国上市公司董事会的平均规模是 11 人。上述认识成为人们后来力求通过限制公司董事会规模来改善公司业绩和决策有效性的理论基础，也成为了计量研究所要验证的对象。

3. 董事会的领导结构与公司业绩

所谓"领导结构"是指公司的董事会主席与经营"一把手"(CEO) 是不是由一个人兼任。如果两个职位由一个人兼任，公司领导权被称为"一元结构"；如果两个职位由不同的人担任，公司领导权结构被称为"二元结构"。从法理上说董事会主席领导整个董事会对股东负责，而公司的经营班子对董事会负责，董事会和经营班子之间的关系是决策和执行、监督与被监督的关系。当经营班子的工作不能令董事会满意的时候，董事会就要解除 CEO 的职务。反过来，CEO 也特别希望能够"俘获"董事会，以稳定自己的工作。所以，为了防止 CEO 控制整个董事会，不应该由公司的董事会主席担任 CEO，或者说，公司的 CEO 不能做董事会主席。公司应该采取二元领导结构。

Rechener 和 Dalton 在 1991 年研究了 141 家企业，这些企业在 1978~1983 年之间的领导权结构没有发生什么变化。在这些企业中，21.3%的企业是二元结构的领导权，而另外的 78.7%是一元结构的领导权。[78] Rechener 等的研究找到了支持上述逻辑推理的证据。他们用财务指标来衡量公司的业绩，通过回归分析发现，有二元结构的公司在业绩上超过一元结构的企业。不过，这篇文章后来在研究方法上引来了很多争议，一些学者认为这篇文章在技术方法上和变量选择上并不是非常讲究，研究中的一些变量与公司业绩和领导权结构同时相关，这些相关的因素在计量研究的过程中并没有得到控制。

Baliga 等在 1996 年选择了 181 家工业公司组成样本进行分析。样本企业的构成是 12 个企业有二元领导权结构，111 家是一元领导权结构，其余的 58 家在这个时间段发生了领导权结构的变化。经过上述三个子样本的分别研究与结论比较，Baliga 等发现：那些有二元领导权结构的企业，在长期业绩上比一元结构的企业更好；但是，在他们的研究中，没能发现把一元结构变成二元结构就可改善企业业绩的证据。[79]

1997 年，Brickley、Coles 和 Jarrel 的研究是与众不同的。当大家都在根据逻辑推理和前面的一些经验研究来批判一元领导权结构的劣势时，Brickley 等发现了采用一元结构的公司无论财务业绩，还是市场业绩都并不更差的证据。这与现实情况相一致，第一次为逻辑与现实不相一致的情况提出了解释；同时，也促使人们进一步思考：既然大家都认为一元领导权结构不好，那么，为什么在现实经济中，那么多的公司都采用一元的领导权结构呢？Brickley 的研究样本由美国 661 家上市公司构成。其中，略多于 80% 的公司是一元领导权结构，大约 14% 的企业采用二元领导权结构，另外一些公司不设置董事会主席职位。

Brickley 等也对美国近 80% 的公司采用一元领导权结构进行了解释。他们吸收了 Vancil 在 1987 年的说法，认为采用二元领导权结构的公司大多正处于 CEO 的权力交接过程中。他们也发现，在美国公司采用二元领导权结构的时候，董事会主席通常对公司的情况非常了解，并且拥有很高比例的公司股权。这意味着分散领导权具有很高的代理成本和信息成本，只有当这些成本能够以某种形式被消除或较大程度降低的时候，二元领导权结构才成立。由此，Brickley 等认为，一元领导权结构可能是美国企业权力结构中的一个传统，如果强迫企业接受二元领导权结构，则意味着要求企业和管理者放弃这样一个传统，或改变公司治理中的一个激励机制，可能是非常具有误导性的。

另外，Goyal 和 Park 于 2002 年从经理人员更换的角度证明了董事会领导结构对董事会效率的影响。他们的研究发现，董事会采用一元领导结构的公司的 CEO 变更与企业绩效的关系显著低于董事会采用双重领导结构的公司。这说明，两职合一的公司由于缺乏独立的领导使得董事会很难作出更换经理人员的有效决策。但是，Palmon 和 Wald 在 2002 年指出，没有对公司规模进行控制可能是上述文献没有取得一致结论的一个重要原因。他们的研究发现，小公司从一元领导结构转变为双重领导结构时，会导致显著为负的非正常收益，但大公司同样方向的转变则导致显著为正的非正常收益，并且，董事会领导结构转变后会计收益的变化也表现出同样的公司规模效应。上述结果说明，决策控制与决策分离所导致的代理成本的减低在大公司中更明显，小公司的董事会更适合采用决策鲜明（Clarity）而果决（Decisiveness）的一元领导结构。

董事会与经营班底关系问题的研究，梅斯（Mace）1971 年对法律给予董事会的职能界定与现实当中董事会实际作用发挥进行了比较，发现了理论与实际的差别。其分析显示，20 世纪六七十年代美国公司董事会的作用只是咨询性质而非实质性的。登勃与纽鲍尔于 1996 年的调查则发现，董事会作用与角色的发挥因各个公司实际情况的差异而不同，但他似乎肯定了 20 世纪 90 年代公司董事会的积极作用。吴淑琨、席酉民 1998 年利用我国上市公司的数据研究发现，现阶段我国上市公司两职合一或分离与公司绩效之间并没有显著的联系。[80] 他们仅发现公司规模与两职的兼任状态之间具有正相关性，即公司规模越大，越倾向于采用两职合一。值得注意的是，其对公司绩效的衡量指标利用的是总资产利润率和净资产收益率等指标。

4. 董事会会议频率与公司绩效

Nikos Vafeas 于 1999 年通过对 307 家公司 1990~1994 年样本数据的分析，发现董事会会议频率和公司治理及所有权的特征相关，由于董事会增加会议一般是在公司股价下降后，董事会年度会议次数和公司价值负相关，在董事会会议次数异常增加后，公司的运营绩效得到改善。谷祺 2001 年选用净资产收益率、经行业调整的主营业务收入变化率两个指标表示公司的绩效，结果表明：非正常会议次数与以前年度绩效负相关、与当年度和以后年度绩效正相关，但都不显著。认为在一定程度上，由于绩效的下降，驱动董事会从事更高频率的活动，但经过高频率的会议活动后经营绩效的改善不大，说明我国上市公司董事会行为中可能存在一定程度的效率浪费。于东智2003年利用行业水平调整后的净资产收益率和主营业务利润率为绩效指标，实证表明：公司上一年度净资产收益率与本年度董事会的非正常会议次数在20%的置信水平上显著负相关，上一年度主营业务利润率与当年度董事会的非正常会议次数负相关，当年度董事会的非正常会议次数与下一年度净资产收益率正相关，与下年度主营业务利润率负相关，但都不显著。[81]而胡晓阳2005年的研究认为，我国上市公司董事会会议次数的增加，没有明显改善公司未来的绩效，甚至呈现一定的负相关，董事会不能有效控制公司费用，说明我国上市公司董事会行为的质量还需要提高。[82]

三、简单述评

从上述理论研究可知，现代管家理论完全与代理理论相反，因为其和代理理论的假设是不同的，其认为经理人是值得信赖的，即否定股东与经理人之间的代理冲突。因此该理论认为董事长与总经理的两职合一以及较少的外部董事可以提高公司的业绩。资源依赖理论认为公司面临的环境不同，其有效的董事会结构是不同的。内部控制理论与受托责任理论则是从经理人控制权及组织结构的角度进行分析。虽然这五个理论观点不同甚至互相矛盾，但是却为我们从更广的视角来研究董事会结构提供了理论基础。不过，大多数的实证研究还是建立在代理理论的基础之上。

从上述实证研究可知，目前对董事会的研究主要是集中于如下四个方面：一是董事会的构成与公司业绩。大部分的文献都是集中于内部董事与外部董事或独立董事的比例来进行研究，但很少涉及独立董事的质量方面的研究，如独立董事的精力、学识、资历、能力方面的研究。二是董事会规模与公司业绩。主要是集中于董事会的人数多少与公司业绩之间的关系，事实上董事会规模还取决于公

司的规模及公司的发展周期等因素。三是董事会的领导结构与公司
业绩。主要是研究两职是否兼任问题，事实上两职是否兼任不能简
单地认为好或不好，要看看公司的发展历史、公司的文化、公司的
类型如国有控股还是民营控股等因素。四是董事会的会议次数与公
司业绩。但令人遗憾的是每一个方面的研究都得出了不同的结论，
这进一步地说明董事会在公司治理中的作用不能用简单语言进行一
致性的描述，也说明不同类型的公司、不同的董事会其真正发挥作
用的机制与效果有所差异，这也是作者想进一步地探讨自然人控股
公司的原因所在。

第四节　关于经理层的研究

　　法马（Fama）1980 年以詹森和梅克林（Jensen and Meckling）
1976 年的代理观点为基础，指出市场竞争作为一种机制，对公司
中作为管理者的经理具有监督作用，指出市场竞争不仅会监督经
理，同时，也给经理提供了一种机会。[83] Loomis 1982 年用 ROE 作
为绩效度量变量，分析了 1981 年 10 个主要行业的 140 个 CEO 的
薪酬，得出的结论是薪酬和绩效之间不存在明显关系。Patton1985
年分析了 100 家美国大公司绩效薪酬关系，他没有发现表明 CEO
薪酬和销售额之间存在明显关系的证据。但是他发现，小公司的
CEO 更加容易获得高收入。贝克（Baker）1988 年对报酬与激励的
一些理论问题作了阐述。他们的研究试图将公正、公平、道德、信
任、社会责任和文化等因素融入到经济分析之中。[84] 詹森和墨菲
（Jensen and Murphy）1990 年则在其有较大影响的论文中，用实证
的方法估计了公司 CEO 的报酬（包括工资、奖金、期权、股票增
值及解聘引起的损失）与公司绩效之间的关系：CEO 报酬或财富
每变动 3.25 美元，则股东财富将会变动 1000 美元，显示 CEO 报
酬与股东财富或公司价值之间的关联程度的微弱。他们发现，在过

去 50 年中，美国公司 CEO 的股权拥有呈递减的趋势，尽管股权拥有是相比之下较佳的一种激励方法。他们认为，公众和私人政治力量的制约是导致 CEO 报酬与公司绩效敏感度差的原因。[85] 萨平顿（Sappington）1991 年也对委托—代理关系中的激励问题作了研究。指出要让代理人承担风险，委托人必须承担一部分风险。他认为，市场竞争对代理人的约束是事后的约束。为了更好地约束代理人，委托人保证有潜在的代理人代替现有的代理人是必须的。[86]

加伦（Garen）1994 年则以委托—代理理论为基础建立了一个模型，以研究经理报酬的水平和结构的决定因素。他发现经理的报酬结构是激励与风险权衡的结果，这是与标准的委托—代理理论相一致的。[87] 另外，他的实证分析发现公司报酬结构中，相对绩效报酬问题似乎未被大部分公司考虑。卡普兰（Kaplan）1994 年对日本与美国公司高级管理人员的遭解聘和报酬，及其与公司绩效之间的关系作了比较研究。他发现，日本公司高级管理人员的遭更换和报酬，是与公司的收入变化、股价变化和销售量变化相关联的。他的分析显示，日、美两国公司高级管理人员报酬与绩效之间的关系从统计学意义上而言基本相似。[88]

梅伦（Mehran）1995 年利用 1979~1980 年随机抽样的 153 家制造业公司的数据，研究发现对 CEO 的激励报酬是 CEO 提高公司绩效的动力。他的实证研究还显示，公司绩效与 CEO 持股比例正相关，与 CEO 报酬中以股权为基础的报酬的比例正相关，表明报酬结构的重要性。他还发现，外部董事人数较多的公司，倾向于较多地使用以股权为基础的报酬激励措施。[89] 科尔（Core）1999 年通过对公司治理结构、CEO 报酬及公司绩效关系的研究，发现治理结构不够有效的公司，CEO 报酬偏高。他们的实证研究显示，CEO 的报酬随着公司董事会规模的增大而增大，随着董事会中由 CEO 任命的外部董事所占百分比数量的增大而增大，随着董事会中灰色外部董事（gray outside directors）、超过 69 岁的外部董事所占百分比的增大而增大，随着 CEO 所占公司股权比例的增大而减少，显示治理结构与 CEO 报酬具有较大的相关性。[90]

近几年来，国内学者魏刚、向朝进、李维安、刘剑等对上市公司管理层持股与经营绩效的相关性进行了实证检验，分别得出不同的结论（详细内容见第六章第四节）。

第五节 关于自然人控股公司与公司治理

我国出现自然人直接控股上市公司同法律环境的变化密切相关。1999 年 7 月前，法律规定自然人持有上市公司的股份不能超过总股本的 0.5%，因此自然人不可能成为上市公司直接控制人。1999 年 7 月施行的《证券法》取消了自然人的持股限制，自然人和法人一样，可以成为上市公司的发起人，于是，自然人直接控股上市公司便有了可能性。所以我国有关自然人控股上市公司的文献都是出现在 2001 年以后。

自然人直接控股的上市公司股权结构更为接近西方上市公司。西方上市公司的模式多为自然人直接控股、独立运作。例如，比尔·盖茨直接控股微软公司（Microsoft Corporation）、迈克尔·戴尔直接控股戴尔电脑（Dell Computer Corporation），他们不再拥有和参与其他实业运作。国内外对自然人控股企业的公司治理效率与效益的高低也时有争论，甚至有人担心会出现另一种类型的"一股独大"。的确，自然人控股的"一股独大"及其股权的集中程度，令许多国有股东也自叹不如。"一股独大"并非中国特有。考察国外成熟股票市场上市公司股权结构变化可以看到，上市后，风险投资短期内出售股份套现退出，导致股权分散，更凸显创始人"一股独大"。例如，微软 1986 年上市时，盖茨持股 44.8%，另一位创始人 Allen 持股 15%。一般来说，企业上市后的相当长时期内，创始人在公司股权结构中所占的比例都相当高。股权分散是一个长期的历史演变过程，往往上市后数十年，经过不断增发新股和并购交易，创始人股权比例才会逐渐下降，股权随之分散或多元化，如杜邦公司、通用汽车、通用电气等。而 1979 年创立、1986 年上市的微软公司股权结构中，盖茨至今还持有微软 23.7%的股份。

张一新 2002 年认为，就目前而言对该类公司的绩效做一评断为时尚早。因为我国国情的特殊性不仅反映在经济体制与政治体制上，也反映于社会意识形态与思想观念等方方面面的内涵上。这些非物质化的因素有的虽不能直接决定企业的经营成效，但却对企业行为、社会信用与经济秩序和结构有着深层次的影响，因此不能单纯地以国外的经验和案例来说明一切。况且，暴露在公众面前的、核准制下推出的自然人控股上市公司数量少，上市时期短，不宜急于做出结论。然而通过分析这类公司的治理行为特点，应能为这类公司相比较于国企改制公司的投资价值提供一个有力的参考。而排除宏观体制因素的制约，公司本身的治理结构与行为方式的差异应是造成企业效益与投资价值差异的重要微观要素。[91]

清华大学经济管理学院朱武祥教授 2002 年认为：微软公司的控股股东并不是微软集团，戴尔的控股股东也不是戴尔集团，而分别是盖茨和戴尔本人。亚洲地区的家族或民营企业往往业务多元化，容易形成家族集团控股、金字塔或相互持股的上市公司股权结构，股权结构相当复杂。因此，国内民营企业上市重组时，尽可能要求形成简单的股权关系和结构，规避循环、多层的复杂股权关系。事实上朱武祥是赞成自然人直接上市的。[92] 朱武祥于 2003 年又指出：由自然人直接控制上市公司的股权结构却可能更对上市公司有益。直接由自然人控股的上市公司是企业群中的核心公司，自然人需要维持该核心企业的盈利性，以便直接获得利润；并且，上市公司直接由自然人控股使得控股股东身份更为简单，自然人控股股东出于对社会声誉的重视，对公司的经营责任更为直接，并有所增加；特别是股票发行核准制取代额度审批制之后，自然人直接控制的公司上市需要经过同业竞争和关联交易等方面的严格审核，大多为整体上市，公司治理问题可能减少。但对自然人控股股东的行为仍需要加强监管，要采取相应的限制措施。例如，要求作为控股股东的自然人不应再参与其他相关实业投资及运作，以便消除关联企业与上市公司之间的业务关联关系和内部资产交易市场。[93]

吴达明 2003 年认为公众公司处于私人控制链的最下端，实际控制人很容易通过关联交易等手段，向控制链上端自然人直接控制的私人公司传输公众公司资金，最终侵害公众股东的利益。随着自然人直接控股上市公司的出现，实际控制人不必劳驾公众心思就直接出现在投资者面前，上市公司成为了私人控制链中的最上层公司。[94] 很多学者认为：在自然人集中控股的情况下，作为企业的决策者和股权所有者，对企业的发展起着至关重要的作用。因为自然人集中控股有利于充分发挥控股自然人的主观能动性，是一种卓有成效的激励机制，激发其集中精力投入管理，有利于企业长远发展。中信信息科技投资公司投资部罗晓敏认为，对于股权过于分散的企业，其管理过程中的内耗会比较大，从而影响到企业的管理成本和效率；而股权过于集中，由少数自然人控制的企业，其管理效率会相对较高，但产生"内部人控制"的风险也相对较大。[95] 经济学家吴敬琏也谈道，"在东方国家某些家族控股的公司中，由于控股股东'一股独大'和执行层多半是控股股东的亲信，时常发生控股股东损害公司中小股东和公司整体利益的情况"。

本人认为虽然自然人控股上市公司上市时间短、数量少，但自然人直接控股的上市公司股权结构更为接近西方上市公司，且它已作为中国上市公司中的一种类型公司而独立出现，其队伍在不断扩大。对其进行研究，找出这类公司的治理特性、治理机制与公司业绩之间的联系，对进一步规范民营上市公司的治理结构将有重要意义。

进入 20 世纪 80 年代以后，公司治理问题的研究成为一个世界性的话题。关于公司治理文献非常多。本章只是选择与本书密切相关的一些方面进行综述。通过概览作者发现，由于各学者所处的国度不同、制度不同、样本不同、时间不同，再加上研究方法不同，所得出的结论有所差异。但也说明了公司治理的复杂性和多样性。所以，不结合实际照搬照抄别国的治理方法是行不通的。只有结合中国的实际，对于不同类型的公司的特征，采用不同的治理机制，才能达到较为理想的目标。

第三章　自然人控股公司治理的
　　　　　理论研究框架

本章首先阐述本研究的理论基础，即不完全契约理论、委托—代理理论、产权理论。比较与分析了自然人控股公司的一般特征与治理特征，比较表明：不同的股权特征形成不同的治理关系与治理机制，会产生不同的治理问题。进而提出自然人控股公司三个最重要的治理问题，即大股东治理作用问题，董事会治理作用问题，高管股权激励问题。

第一节　自然人控股公司治理
问题研究的理论基础

公司治理可以说是股东、董事会和经营层之间的相互利用、相互制衡的制度安排。委托人—代理人理论认为委托—代理问题产生的原因是委托人和代理人之间的利益不一致和信息不对称。委托人必须面对来自代理人的参与、激励相容两个约束。不完全契约理论认为有些行动和相应的经济结果必须通过事后解决，事实上它是一个在产权可以完美定义的环境下的产权分配理论。因此，不完全契约理论、委托—代理理论和产权理论自然地成为公司治理研究的理论基础。

一、不完全契约理论

不完全契约是相对于完全契约而言的。所谓完全契约是最大可能地明确规定未来所有状态下契约签订双方的责任与权利，而且双方将来都不需要再对契约进行修正或重新协商。而不完全契约是指契约中包含缺陷和遗漏，可能不提及某些情况下各方的责任，而对另一些情况下的各方责任只作出粗略的或模棱两可的规定。

契约不完全产生的根本原因来自三个方面：①契约双方的有限理性。由于受信息传递、认知能力、计算能力和人的心理因素等条件的限制，契约双方在复杂多变的不确定的市场环境中，其行为的理性是有限的，很难对长期内可能发生的各种情况都作出全面的计划安排，签订契约时条款的遗漏将不可避免。②第三者无法验证。契约规定的项目中，有一些内容是第三者无法验证的，即这些内容虽然对于契约双方都是清楚并明确规定的，但对于其他局外人则是无法体验和观察到的，所以在出现纠纷时，第三者（如法院）很难确定哪一方违约并按规定执行处罚等，造成了契约的不完全。③信用制度的不完善。由于制度缺陷导致契约双方的行为难以得到约束，在某一方违约时而不承担相应的违约责任，造成契约的不完全。上述第一、第二个原因导致的契约不完全是一般情况下普遍存在的，而信用制度不完善形成的契约不完全是一个相对比较特殊的情况，大多发生在经济发展中国家或经济转型国家。[96]

不完全契约理论的核心观点是区分特定控制权和剩余控制权，前者可以通过契约的方式事先分配，而后者涉及无法写到契约里的或有情况而必须通过所有权界定来实现有效分配。剩余控制权意味着拥有者有能力在未来不用向其他人支付边际补偿就可以处置未明确写入契约里的财产属性和用途。在他们看来，剩余索取权并不重要，例如，哈特（Hart）1995年就认为剩余索取权和剩余控制权不同之处是前者可以很容易地划分和指派，因此不是一个良好的有关产权安排的概念。

不完全契约意味着有些行动和相应的经济结果必须通过事后解决。因此，一些经济学家认为，这一理论实际上是一个在所有权可以完美定义的环境下的所有权分配理论。格罗斯曼和哈特发展了一个有关垂直一体化边界的企业模型。他们把企业定义为非人力资本的剩余控制权，并假设了这样一个经济环境：一个买方和一个卖方计划交易一种商品。交易分为三期，第一期订立有关交易的契约（当然，由于各种限制，这只能是一个不完全契约）；第二期允许买卖双方对此交易的关系（Relationship）进行专项性投资，这种投资可以提高买方的效用或者降低卖方的生产成本；第三期履行契约，其间允许再谈判（Renegotiation）该契约。他们吸收了威廉姆森（Williamson）和克莱因（Klein）等人的观点，认为不完全契约和资产专项性（Asset Specificities，即用做其他用途的经济价值要大打折扣）两个特点导致市场交易中的机会主义（Opportunistic）行为，这反过来影响第二期的专项资产的投资。因为不完全契约必然使契约各方产生再谈判的动力，所以事先约定不再谈判。承诺（Commitment）从动态博弈的角度分析是不可信的。完全契约指的是买卖双方可以就第二期的专项投资的大小等因素明确写入契约，并可以通过第三方证明得到保证，因此最优结果可以达到。显然，在不完全契约环境下，这是做不到的。[97]

科斯曾经从交易费用角度解释企业的边界，格罗斯曼和哈特从不完全契约的角度解决这一问题，为后来的经济学家发展和应用不完全契约理论奠定了基础。在格罗斯曼和哈特发展了他们的模型之后，其他经济学家又做了大量的扩展工作。而且，不完全契约理论在结合信息经济学的成果的基础上，被广泛应用于企业理论、公司财务、治理结构等众多领域，并且取得了良好的效果。例如，阿烘和博尔顿（Aghion and Bolton）1992年则在詹森的现金流观点的基础上发展了一个金融不完全契约理论。他们认为，企业的经理习惯用自由现金流过度投资，以获得个人的好处。债务融资可以迫使经理考虑利息和本金归还问题，约束他们的投资，当现金流量太低时，债权人获得企业控制权，而当现金流量充足时，让经理控制企业则是最优的。哈特和摩尔（Hart and Moore）于1994年发展了一个不完全契约意义上的债务模型。资产的回报是可观察但不可证实的信息，企业管理层可以卷现金逃跑，但是无法带走企业资产，债权人的唯一选择是控制这些资产。[98]

二、委托—代理理论

在现代产权理论的基础上发展起来的委托—代理理论，通过对交易费用的比较运用和对企业内部产权结构的研究，取得了长足的发展。委托—代理理论产生于20世纪60年代末70年代初，当时的经济学家们在阿罗—德布鲁体系中的企业"黑箱"理论的基础上，开始深入研究关于企业内部信息不对称和激励的问题，希望更全面理解企业这种经济组织，从而产生了现代企业理论。委托—代理理论则是现代企业理论的重要组成部分。

现代股份公司这种企业组织形式对委托—代理关系的发展起到了极大的推动作用。因为股东数量庞大且分散，不能对企业进行直接的管理和支配，必须把企业委托给经理经营，而经理就是所有者的代理人，拥有经营决策权。Berle和Means指出：现代公司的发展已经发生了所有权与控制权的分离，公司实际上已由职业经理所控制。[99] Chandler则称之为"经理人员资本主义的兴起和企业主资本主义的衰落过程"。[100] 委托—代理理论的发展正是为了应对所有权和控制权分离所产生的问题。

所谓委托—代理关系，就是一种契约关系。通过这一契约，一个人或一些人（委托人）授权给另一个人（代理人）为委托人的利益从事某项活动。但这又不同于一般的雇佣关系，委托人授予代理人相当大的自主决策权，而委托人很难监控代理人的活动。委托—代理关系在现代市场经济中大量地表现为股份公司中资产的所有者和企业经营决策者（董事会或总经理）之间的关系，同时它也普遍存在于所有的组织和合作性活动中。[101]

委托—代理关系的目的是追求分工效果和规模效果。由于委托人和代理人之间存在利益不一致和信息不对称，会导致代理成本的产生。为了减少委托—代理关系带来的效率损失，降低代理成本，在 20 世纪 70 年代以后，经济学家们进一步发展了委托—代理理论。但是，该理论有两种明显不同的研究方法：一种方法是实证研究，又称为"实证代理理论"，其特点是凭借直觉，侧重于分析签订契约和控制社会因素，其开创者为 Alchian、Demsetz、Jensen 和 Mecking 等；另一种研究方法是规范研究，又叫"委托人—代理人理论"。其特点是使用正式的数学模型，通过阐明各种模型所需的准确的信息假定，来探讨委托人和代理人之间的激励机制和风险分配机制，其开创者是 Wilson、Spence、Ross 和 Hart 等。这两种方法相互补充促进，本质上都致力于发展一种合约理论，旨在使受自我利益驱动的代理人能以委托人的效用目标为准则，使代理人成本最小化。[102]

1. 代理成本理论

代理成本理论是由 Jensen 和 Mecking 在经典论文《厂商理论：管理行为、代理成本和所有权结构》中开创的。[103] 在此文中 Jensen、Mecking 注意到由于"企业内部所有者和高层管理者之间的契约安排所产生的企业管理人员不是企业完全所有者的事实"，其努力程度具有不完全性，从而导致在这种情况下的公司的价值低于完全所有者时的价值，产生"代理成本"，包括委托人监督支出、代理人保证支出和剩余损失三部分。Jensen 和 Mecking 用这一分析框架来解释厂商的所有权结构或资本结构，认为代理成本是企业所有权结构的决定因素。在 Jensen 和 Mecking 的模型中，偏好和相对价格决定了管理者最大化企业价值和在职消费之间的选择，而消费的价格是管理者所有权份额的一个增函数。由于管理者持有的股份不断减少，其在职消费价格不断下降，在职消费的数量就随之上升，从而降低企业的价值，增加代理成本。Jensen 和 Mecking 认为必须建立完善的代理人激励约束机制来减少代理成本。

Alchian 和 Demsetz 提出了团队生产理论。[104] 他们认为企业是一种典型的团队生产，因为在企业中有两个以上的具有共同目标的成员协作生产，且对其他成员产生影响。团队生产结果具有不可分性，无法精确地按照每个成员的贡献去支付报酬，因此在团队生产中要绝对地消除偷懒行为是不现实的。为了减少偷懒行为，团队生产就需要一个监督者，并允许其拥有企业的剩余权益和合同修改权，使其产生监督的积极性。

总结代理成本理论的研究结论，主要有两点：一方面是要增强代理人行为的合作性，就应该建立基于结果的代理合同而不是基于行为的代理合同。但这样会增加代理人承受的风险，存在代理人是否接受的问题。另一方面是委托人通过信息系统的建立，如果能够尽可能充分地掌握代理人的信息，在测评行为的基础上建立合理的报酬机制，就可以有效抑制代理人的机会主义行为。

2. 委托人—代理人理论

Ross 于 1973 年最早提出了委托人—代理人一词。[105] 委托人—代理人理论，是由信息经济学的一个分支——非对称条件下的经济分析发展起来的。它集中研究"如何设计一个补偿系统（一个契约）来驱动另一个人（他的代理人）为委托人的利益行动"。在委托人—代理人理论中，委托人—代理人关系泛指任何一种涉及非对称信息的交易，而在交易中具有信息优势的一方称为代理人，另一方称为委托人。因此，该理论认为委托代理问题产生的原因从一般意义上讲就是因为委托人和代理人之间的利益不一致和信息不对称。

委托人—代理人理论有一个较为严格的数学模型，以此来研究非对称信息下的激励模型和监督约束机制。Mirrlee 用"分布函数的参数化法"和著名的"一阶化"方法建立了标准的委托人—代理人模型。[106-108] 标准的委托人—代理人模型抓住委托人与代理人之间的信息不对称这一基本前提，即委托人不能直接观测到代理人的行动，而只能观测到其行动的结果，但结果受到行动和其他因素的共同影响。e 表示代理人的某一特定的努力程度，θ 表示不受代理人控制的外生变量（自然状态），e 和 θ 共同决定一个成果 π（如利润），即 $\pi = \pi(e, \theta)$。e、θ 和 π 中，只有 π 可以准确观察到。S 是委托人付给代理人的报酬，其大小同利润的多少有关，即其为

π 的函数 $S = S(\pi)$。C 是代理人努力程度带来的负效用，为 e 的函数，$C = C(e)$。则委托人和代理人的效用函数分别是 $V = V[\pi - S(\pi)]$ 和 $U = U[S(\pi) - C(e)]$。

委托人在最优化其期望效用函数时，必须面对来自代理人的两个约束。第一个约束是参与约束，即代理人在接受该委托事务时预期的效用至少不低于其从事其他任何事务的效用；第二个约束是代理人的激励相容约束，即委托人为实现自身效用最大化而要求代理人的努力程度必须也使代理人自身的效用最大化。

三、产权理论

构成新制度经济学的另一重要分支的产权理论，是关于产权的功能、产权的起源、产权的类型、产权的属性及产权与经济效率的理论。[109] 1972 年，阿尔钦和德姆塞茨提出了团队生产理论，开创了从所有权角度解释企业内部结构的激励问题（监督成本）的先河。在阿尔钦和德姆塞茨看来，企业的实质是一种"团队生产"方式，即一种产品是由若干个成员协同生产、共同努力的结果。由于每个团队成员的个人贡献不可能精确地进行分解和观测，因而会导致偷懒（Shirking）问题的产生，进而专门监督团队其他工作成员的监督者就十分必要。为了使监督者有监督的积极性和使监督富有效率，监督者就必须既是企业的所有者，占有剩余权益，又是企业的管理者，拥有指挥其他成员的权力。对于经营者的激励问题而言，团队理论揭示了所有权在解决企业激励问题时的重要性，尤其是说明了所有权应该与那些边际贡献最难度量的投入要素相联系。在此之后，格罗斯曼和哈特于 1986 年以及哈特和莫尔于 1990 年，在威廉姆森和克莱因对纵向一体化问题研究的基础上，发展了一个最优所有权结构的模型。[110] 如果将格罗斯曼、哈特、莫尔的观点和德姆塞茨等人对产权的基本认识综合起来，就可形成经济学家公认的关于企业产权分析的一个基本框架：①产权等同于财产所有权，是指对给定财产的占有权、使用权、收益权和转让权，可划分为特定收益权、特定控制权、剩余收益权（剩余索取权）和剩余控制权。②企业所有权由企业剩余索取权和剩余控制权定义，或由剩余控制权定义更为准确。从动态角度看，企业所有权是一种状态依存所有权，即在什么状态下谁拥有剩余索取权和剩余控制权。③效率最大化的企业产权安排是剩余索取权和剩余控制权相对应。④企业是不同财产所有者的契约的组合，财产所有权是交易的前提，企业所有权是交易的方式和结果。⑤企业契约是不完全的，由契约所界定的收益权和控制权不可能穷尽所有的责任和义务，由剩余控制权定义的企业所有权对激励问题进而对企业效率的提高具有决定意义。[111] 这种产权分析框架对我们理解现代企业的公司治理结构有着重要意义。

在本书中，公司治理结构体现了所有者安排、产权安排对经营者激励约束的重要作用。上市公司 CEO 作为代理人需要满足多个委托人的利益，或者是自己本身的利益。解决方法就是通过增加 CEO 的股权，从而使代理人和委托人的利益相一致。因此，产权理论对研究 CEO 薪酬激励具有十分重要的理论价值。

第二节　自然人控股公司的一般特征

自然人控股公司如果基于所有制的角度则与国有控股公司相对应，如果基于股权特征"人格化"的角度则与法人公司、公众公司相对应。本节主要是以国有控股公司为参照对象来分析自然人控股公司的一般特征。

1. 产权比较明晰

根据现代产权经济学的观点，在市场存在交易费用的前提下，产权安排是影响经济主体运行效率的重要因素之一。中国国有企业运营效率低下的一个很重要的原因就在于国有企业产权关系长时间以来没有实现完全清晰。而自然人控股公司具有明确的产权关系，具有完全的利益关系的硬约束机制。[112]

2. 政府直接干预少、运行机制灵活

自然人控股公司是以市场为导向的经济组织形式，企业的生产经营活动就是在市场机制的支配下实现的，因而，政府的直接干预相对较少，可以自己采用机动灵活的经营方式。由于具有灵敏的市场信息传导机制，因此自然人控股公司能较好地适应市场上瞬息万变的情况。[113] 而我国上市公司主要由原来的国有企业改制而来，为了维护公有制的主体地位，往往采用了国家绝对控股或相对控股的股权设置模式。现有的产权理论表明，公有产权的一个重要特征是政府干预。有关转轨经济的研究则表明，内部人控制是转轨经济的基本规律。

3. 所有权和经营权再度重合

自然人控股公司所有权和经营权一般来说并不分散，特别是企业规模不大的时候，委托—代理问题并不太严重。企业的自我约束较强，能够调动所有者、经营者和劳动者的积极性。自然人控股公司还拥有较为灵活的内部用人和分配激励机制。在人员的使用和配置上尽量做到人尽其才，拒绝冗员，并通过激励、监督等有效的控制手段挖掘其最大潜力。

4. 上市时间短且总体规模小

截至2006年年底，中国上市公司中的自然人控股公司仅有43家（因ST新智亏损严重，数据差异较大被本研究剔除），其上市时间分别是：2001年1家；2002年3家；2003年8家；2004年18家；2006年12家。2005年因我国股票市场重点是解决股权分置问题，所以，2005年基本没有实施IPO，当然也就没有自然人控股公司上市的数据（见图3-1）。

从自然人控股上市公司的资产规模来看，作者根据2006年上市公司年报统计，资产规模在40亿元以上的不多见，大部分的资产规模在40亿元以下。自然人控股公司的资产规模在20亿元以下的有35家，占总数的83.33%；最大值为89.27亿元，最小值为3.87亿元，平均值为14.53亿元。与2005年全部上市公司的平均

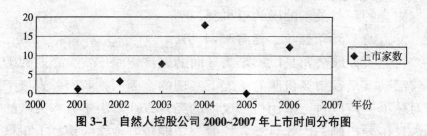

图 3-1 自然人控股公司 2000~2007 年上市时间分布图

表 3-1 自然人控股公司资产规模分布特征

资产（亿元）	<5	5~10	10~20	20~40	>40
公司（家）	5	20	10	5	2
比重（%）	11.90	47.62	23.81	11.90	4.77

资料来源：作者根据 2006 年上市公司年报整理（截至 2006 年 12 月 31 日）。

规模 46.3 亿元相比较，差距较大，与国有控股公司相比较则差距甚远。当然，这是必然的结果，因为自然人的经济实力总是有限的，如果自然人控股公司要想将企业的规模扩大，则必须通过证券市场——公众投资者的力量。该数据也表明自然人控股上市公司未来巨大的发展潜力。

5. 行业及地域分布情况

虽然诸如纺织服装行业和许多传统的劳动密集型行业也是中国自然人控股上市公司主要的经营领域之一，但总体来讲，中国自然人控股上市公司主要分布在制造业企业。近年来，科技进步和产品创新步伐的加快为自然人控股企业提供了广阔的发展机遇，电子通信、生物医药和新型材料等行业成为其大显身手的领域。根据2001 年 4 月中国证监会发行的《上市公司行业分类指引》，目前将上市公司分为 13 类，本样本中共有 6 类：采掘业 1 家、制造业 29家、建筑业 2 家、交通运输仓储业 1 家、信息技术 8 家、批发零售1 家。从地域分布来看，主要是分布在民营企业比较发达的省市和地区，其中，浙江 13 家、广东 8 家、江苏 6 家、福建 3 家、四川、上海和北京各 2 家，山西、湖北、安徽、贵州、湖南、山东各 1家。见表 3-2、表 3-3 和图 3-2。

表 3-2 自然人控股公司行业分布特征

行　　业	采掘业	制造业	建筑业	交通仓储业	信息技术	批发零售
公司（家）	1	29	2	1	8	1
百分比	2.38	69.05	4.76	2.38	19.05	2.38

资料来源：作者根据 2004~2006 年上市公司相关资料整理。

表 3-3 自然人控股公司地域分布特征

地域	浙江	广东	江苏	福建	四川	上海	北京	山西	湖北	安徽	贵州	湖南	山东
家数	13	8	6	3	2	2	2	1	1	1	1	1	1
百分比	30.95	19.05	14.29	7.14	4.76	4.76	4.76	2.38	2.38	2.38	2.38	2.38	2.38

资料来源：作者根据 2004~2006 年上市公司相关资料整理。

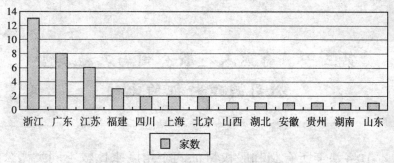

图 3-2 自然人控股公司地域分布图

6. 自然人控股上市公司的业绩显著高于我国平均水平

据 Wind 资讯资料统计，中国 A 股上市公司净资产收益率 2004 年为 7.45%，2005 年为 5.30%，2006 年为 13.74%，三年均值为 8.83%；每股收益 2004 年为 0.24 元，2005 年为 0.22 元，2006 年为 0.27 元，三年均值为 0.243 元；而自然人控股公司 2004~2006 年三年净资产收益率 12.77%，每股收益 0.44 元，远远高于我国上市公司总体平均水平，这体现了自然人控股上市公司的较高的运营效率。

通过上述分析可知，自然人控股公司的一般特征不同于国有控股公司，其具体比较如表 3-4 所示。

表3-4 自然人控股公司与国有控股公司一般特征比较

特　征	自然人控股公司	国有控股公司
控股主体	自然人	国　家
政府干预	较　少	直接且强
产　权	明　晰	不够明晰
运行与激励机制	灵　活	不够灵活
经营者与所有者	重合或集中	所有者虚位
管理模式	家族或个人控制较强	政府参与较多
规模分布	平均规模较小，成长空间较大	平均规模较大
行业分布	高科技制造领域居多	国家重点行业居多
业绩水平	较　高	一　般

资料来源：作者依据上述分析整理。

第三节　自然人控股公司与其他类型公司治理特征的比较

本节将基于所有制和股权特征两个角度来比较不同类型公司的治理特征。首先，从委托—代理关系、股权结构及治理结构方面对自然人控股公司与国有控股公司进行比较；其次，从内部治理与外部治理两个方面对自然人控股公司与法人公司、其他公众公司治理特征进行比较。

一、自然人控股公司与国有控股公司治理特征的比较

由于目前中国证券市场基本上还是以国有上市公司为主的市场整体结构，因此有必要对国有控股上市公司和自然人控股上市公司的治理特征做一个简单的比较。由于二者体制、控制主体、股权结构等诸多不同，进而形成了不同的公司治理特征。本部分主要从委托—代理关系、股权结构及治理结构方面来比较两类上市公司治理

特征的异同。

1. 委托—代理关系比较

由民营企业改制而成的自然人控股公司由于其民营"出身"，因而较好地解决了严重困扰我国大部分国有企业（包括国有控股上市公司）的产权不明的问题，其委托—代理关系清晰明了：企业的所有者即企业的代理人，直接参与企业的经营管理，或通过聘用制对企业的经营实施直接监督，企业的效益、管理者的能力、对管理者的激励和监督三者形成有效结合，从而促进了企业的发展。

相比较而言，由国家控股的上市公司在公司治理上必然存在着多重委托的问题，表现出政府干预与内部人控制的两重特征。大部分国有企业受到所有者缺位的约束，委托—代理关系复杂或模糊不清，无法形成真正的经营激励与监督。因此，出现了诸如"内部人控制"、利润操纵等种种恶劣行为，使国有控股公司经营实力受到削弱，经营活力大大降低，投资价值面临严重质疑。国有控股公司是国有资产管理体制改革的产物。随着国有企业改革的不断深化，我国国有资产管理体制也进行了多方面的改革探索，如三层授权经营模式就受到了广泛的关注。第一层次为国有资产管理机构，是国有资产的所有权代表者和管理者，不直接从事资产经营，而是对从事国有资产经营的机构进行授权与管理活动。第二层次是介于国有资产管理机构与国有企业之间的中间机构（即"控股公司"），主要从事国有资产的经营。它是国有资产管理部门的代理机构，对上接受国有资产管理部门的监督和控制，对下负责国有资产的组织、指挥、协调和控制，但不参与企业具体的生产经营活动。第三层次是企业，它是国有资产的经营者，与国有资产经营机构之间是投资者和经营者的关系。可以看出，国有控股公司由于其特殊的股权结构及委托—代理关系，经理往往是政府官员任命的，经理在企业任期的长短主要取决于官员的偏好而与企业业绩关系不大，也就是说，行政干预下的内部人控制无法解决经营者的选择问题和经营者激励问题。

2. 股权结构比较

在国有上市公司中，公司的股权结构通常比较复杂，股权的种类繁多。除去流通股外，其他股份还包括国家股、法人股、内部职工股和外资股等多种股权形式。相对而言，自然人控股上市公司的股权结构则相对简单，其股份多由自然人股、法人股、流通股构成，大部分公司不存在国家股和内部职工股，见表3-5。

表3-5 自然人控股公司与国有控股公司股权结构复杂性比较

上市公司类型	股权类型	投资主体	流通性
国有控股公司	国家股	国有资产管理部门	不能流通
	法人股	法人单位	限于场外流通
	社会公众股	境内法人、自然人	沪深交易所流通
	原定向募集股	境内法人、自然人	原不流通（现已流通）
	职工股（现已没有）	企业内部职工	上市一段时间后
自然人控股公司	自然人控股	自然人	限定时间后流通
	法人股	法人单位	限于场外流通
	社会公众股	境内法人、自然人	沪深交易所流通

资料来源：作者根据相关资料整理。

3. 公司治理结构比较

（1）"三会"的作用比较。按照《公司法》，自然人控股公司其最高权力机构为股东大会，执行机构为董事会，监督机构为监事会。从投票机制来看，占公司绝对控股的自然人拥有最大投票额，这也是目前市场上担忧会出现第二种"一股独大"的原因。但从股东构成来看，与国有控股上市公司国家股比例动辄高达60%、70%不同，该类上市公司的前几位大股东持股比例比较均衡，自然人第一大股东的地位并非牢不可撼的。本研究根据上市公司年报的统计数据得出，2004~2006年第一大股东平均持股比例为25.43%，第二至第五大股东持股总和的平均值为30.30%，这使得股东大会的投票制约机制比国有控股上市公司将会有较好的发挥。但由于历史原因，一两个创业者或小创业群体在自然人控股公司中的作用甚为重要，因而不能排除由于盲目崇信个人的创业功绩和能力，处于控股地位的自然人在重大的决策问题上出现执意而为，或者通过有关联关系或利益关系的前几名股东共同行动，进而做出影响公司稳定与发展的决策。另外，由于始终凭着灵活与简练高效的决策管理风格，加之改制时间短，公司的"三会"组织的建立是否能够避免形式化、"三会"职能能否真正得到贯彻与执行、决策层和经理层能否真正适应一系列严格的程序化的运作规范还有待考察。当然，"三会"治理效率同样也是国有控股上市公司要解决的首要问题。

国有控股公司尽管内部也设立了董事会、监事会、职代会、工会等监督机构，但是董事长通常由党委书记兼任，而党委副书记也往往兼任副董事长和总经理，工会主席或党委副书记则兼任监事会主席。董事基本上来自公司的经理层（包括总经理、副总经理以及三总师等高级管理人员），监事则基本上来自公司的部门经理层或职工代表等。其实，在东亚或欧洲等家族企业控股的上市公司中，家族成员同时担任公司总经理或董事长的现象也非常普遍（La Porta 等，1999；Claessens 等，2000）。[114] 基于上述组织结构的设立方式，芮明杰指出，控股公司实际运作中大致形成三种控制格局。[115] 第一种是董事长独揽大权。第二种是总经理独揽大权，这种情况大都产生于总经理是一个强势人物，而董事长因年老体弱或不思进取等原因自动弃权，或者公司的中高层管理人员听命于总经理而导致董事长被架空。第三种是董事长和总经理分权，董事长拥有公司的战略决策权，总经理拥有日常经营管理权。这种情况相对最为理想，在理论上可以形成董事长和总经理的制衡关系。但也存在两者勾结的可能，即董事长和总经理可能通过谈判达成某种协议。按照这个协议，两者可以将权力进行瓜分以达到各自利益的最大化，从而使制衡关系失效。看来，"三会"作用的比较很难说哪个作用发挥得更好，但可以肯定的是控股公司"三会"作用的发挥确实有待于加强。

（2）股东权益与利益相关者的权益保护比较。理论上，自然人（即控股股东）利益—中小投资者（中小股东）利益—社会经济资源与财富（社会利益）这"三位一体"的利益联动结构在自然人控股公司中是存在的。从经济学"经济人"概念的角度看，任何个人或集体在经济生活中发生的行为都具有使其拥有的利益最大化的特征，作为控股股东的自然人也不例外。当处于控股地位的自然人与广大中小投资者具有了相同的利益目标，或者说，分享了共同的资本利得时，则作为企业的主要管理者的自然人为其自身利益最大化所做的努力，也可视为其他股东利益最大化的努力。尤其是，当其控股比例很高时，企业的生死存亡都与其自身利益高度相关，反而可能会在所有者利益效应的驱使下，尽心尽力地为企业的发展而努力。企业获得了发展，自然地，社会资源和国家利益都会得到丰富。相对而言，国家控股上市公司正由于缺乏利益联动与约束关系，才出现了经营者不思进取却竞谋私利，肆意侵犯中小股东利益的现象，致使企业经营状况持续恶化，进一步危及国有资产的流失与贬值。唐萍指出，由于存在目标多元化、委托—代理问题、职能定位以及信息度量等问题，财务总监委派制很难达到预期的效果。[116]

（3）信息披露与公司运作透明度比较。关联交易，尤其是存在"暗箱操作"的关联交易，是上市公司信息披露针对的焦点。真实、完整的信息披露是公司良性运作的特征。经过为期一年的上市辅导期的自然人控股公司，一旦走上正常的运作轨道，信息披露工作应

表3-6 自然人控股公司与国有控股公司治理结构比较

		国家控股公司	自然人控股公司
委托—代理关系		多重复杂	简单直接
股权结构		复 杂	简 单
股东代表大会		"一股独大"现象普遍；所有者虚位；"用脚投票"	另一种"一股独大"；家族控制
董事会	执行董事	国家任命，"内部人控制"	大股东代表，家族式"内部人控制"
	独立董事	作用有限	作用有限
经理层	任命方式	行政干预，提名、董事会讨论	家族任命或担任，"权威治理"
	担任资格	行政部门、董事会考核合格者	专利拥有者、发明者或企业创始人
	激励方式	奖金、职位提升等	年薪制度、股权激励
监事会		监督作用较差，形同虚设	监督作用较差，形同虚设
对中小股东权益保护		不是太好	不是太好
治理信息不完全程度		较严重	更严重

资料来源：作者归纳整理。

流畅如水，为公司的各项经营决策以及投资者的投资决策提供充分的分析依据。不过，自然人控股上市公司内部人控制问题应比较严重，家族成员不仅持有较多的股份，且已进入董事会和经理层，很难说他们不为私利而关联交易或隐瞒一些信息。虽然国家控股上市公司也存在此类问题，但自然人控股公司应是尤其严重。

二、自然人控股公司与法人控股公司、一般公众公司治理特征比较

表 3-7 自然人控股公司与法人控股公司、一般公众公司治理特征比较表

基于股权特征与治理关系的比较			股权分散	股权集中（大股东控股）	
			一般公众公司	法人控股公司	自然人控股公司
内部治理机制	股东与股东大会	人员的构成	股东代表	法人大股东代表	自然人大股东代表
		职能的发挥	权力削弱或橡皮图章	易法人大股东控制	易自然人控制
	董事与董事会	董事会的构成	独立董事较多	只达到规定	只达到规定
		董事长的作用	较弱	较强	强
		董事会的作用	强	较强	较弱
	经理及经理层	经理的选聘	职业经理人	指定或选聘	指定（家族）
		职能的发挥	充分	较充分	不够充分
		股权激励比例	较高（西方）	较低	高
	监事会	人员的构成	专业人员	股东、职工代表	职工、家族代表
外部治理机制	资本市场	发挥作用的强度	强	较强	一般
	经理人市场	发挥作用的强度	强	一般	较差
	机构投资者	参与治理的程度	强	较弱	较弱
	债权人等	参与治理的程度	弱+状态依存	状态依存	状态依存
	法律法规	遵守程度	好	较好	较好

资料来源：作者归纳整理。

企业的发展伴随着股权结构的改变，从业主制、合伙制到公司制的发展过程，其实就是股权结构变化的过程，同时也是股东对企业剩余索取权与剩余控制权相分离的过程。如何通过制度设置来降低代理成本，提高股东们的收益，这就是公司治理的问题。委托—代理理论认为，公司治理问题是伴随着委托—代理问题的出现而产生的。由于现代股份有限公司股权日益分散、经营管理的复杂性与

专业化程度不断增加，公司的所有者——股东们通常不再直接作为公司的经营者，而是作为委托人，将公司的经营权委托给职业经理人。职业经理人作为代理人接受股东的委托，代理他们经营企业，股东与经理层之间的委托—代理关系由此产生。所以说，公司治理又是一组联结并规范公司股东、董事会、经理人之间责、权、利关系的制度安排。从内容上看，公司治理机制主要有内部治理机制和外部治理机制两种。内部治理机制主要是指在公司内部构造一个合理的权力结构，从而在股东、董事会与经理人之间形成一种有效的激励、约束与制衡机制，以保证公司遵守有关法律法规并实现公司及股东利益的最大化。外部治理机制主要是指公司外部的产品市场、资本市场、经理人市场及有关公司治理的法律、法规等。

基于股权特征的不同，形成了股权分散的公众公司和股权集中的控股公司。控股股东可以是个人，也可以是公司，因而又分为自然人控股公司和法人控股公司。由于其所有权特征的不同，其在治理机制上将有所差异，具体见表3-7。其实，表3-7还可以进一步地细分，每个因素之间交互作用，只从该表并不能完全表达出它们之间复杂的关系和对公司治理的影响。由于涉及的因素较多，又鉴于篇幅所限，本书只选择自然人控股公司最为重要的问题进行研究（见阴影部分）。

第四节　自然人控股公司的三个重点问题

公司治理问题可分为两大类：一类是面对"股东—经理"之间关系的代理型公司治理问题，其主要是由股东与管理层之间信息不对称所造成的。另一类是涉及股东之间利益关系的剥夺型公司治理问题，其主要是由"控股大股东—小股东"之间的信息不对称所造成的。对于某些公司（如一般的公众公司）所存在的主要是第一类公司治理问题；而对于另外一些公司（如国有控股公司）则存在着第二类公司治理问题。而在现实中更多的是两类问题兼而有之的公司（如本书研究的自然人控股公司）。对于解决代理型问题的治理机制一般是股权激励、董事会制度、股东权利保护制度、资本市场和控制权市场作用等。对于解决剥夺型公司治理问题一般是除了更加独立的董事会制度，更加有效地保护股东利益之外，是加强信息的透明度、建立声誉机制，等等。虽然自然人控股公司具有产权明晰、机制灵活等突出优点，但它们既具有因大股东控制而避免公司控制权市场的约束，又具有分散股权下的内部人控制企业的特征，有可能使一般的治理手段失效。实践已证明了外部治理的局限性，当外部治理机制（如资本市场、控制权市场等）失效或既定的条件下，内部治理将起决定性作用。也就是说，通过公司内部的股东—董事会—经营层之间的相互制衡来解决公司治理的相关问题。因此，本书将研究大股东治理、董事会的治理、高管股权激励这三个重点问题，进而研究自然人控股公司的治理特征与绩效的关系，见图 3-3。

一、大股东作用与自然人控股公司的治理

大股东的出现不仅是潮流，而且其在公司治理中日益活跃。20世纪 80 年代美国掀起的并购浪潮就是大股东参与治理的重要体现。而德国、日本等国家的银行等机构投资者素来在该国公司治理中发挥着主导作用。实践中的这种趋势促使学者在理论上给予了积极而广泛的关注。他们改变了在先前"股东—经理"分析框架中对股东做同质化（homogeneity）处理的做法，开始认真剖析基于持股地位不同的股东之间的行为差异，以及这种差异对他们之间关系的影响。他们分析了大股东参与治理的动机和各种条件，他们认为，和小股东相比，持股量的上升可以为大股东突破"搭便车"（free-rider problem）消费心理。此外，一些研究还着眼于股权流动性（liquidity）角度，他们发现，股权的流动性可以降低大股东的监督成本，为大股东的监督提供激励。

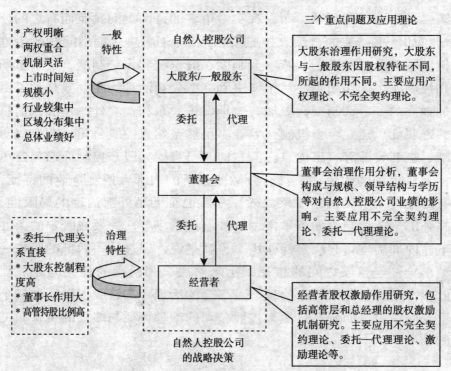

图3-3　自然人控股公司的三个重点问题

　　从传统的"股东—经理"代理问题的研究框架中可以发现，代理成本的根源是两者目标函数的不一致。正是基于拥有控制权而对私人收益（the private benefit）的追求，经理才愿意发挥其人力资本的价值。私人收益成为发挥经理激励作用的重要源泉。现实中，作者同样发现，大股东积极参与治理也是基于控制权可能带来的私人收益。此外，与经理不同的是，大股东还可以基于股东身份获得一种称为共享收益（the shared benefit）的股权回报。两者共同组成了大股东参与治理的收益项。因此，大股东参与治理实际上改变了传统治理问题的本质。和小股东相比，大股东具有内在监督经理的积极性，这样，大股东的出现为股东和经理之间的代理问题找到了一条出路。但大股东的出现同样带来了新的代理问题，这就是私人收益的追求所造成的对公司和小股东利益的侵占（expropriation）。因此，简单地认为大股东的出现就能够改善公司治理是不全面的。

国内自然人控股公司上市的时间不长，大多数是从中小型的民营企业发展而来的。其股权结构几乎都呈现出明显的集中化倾向，企业家控制、家族控制比较明显，所有权与经营权再度重合，其委托—代理关系具有特殊性。近年来，股权结构多元化一直是证券市场的热门话题之一，讨论者希望借助于多元持股结构改变目前"一股独大"的不利局面，从而在上市公司中形成制衡的权力格局。作者认为，股权结构多元化改革在突破所有制一元化方面是正确的。但是，由股权过于集中转向股权过于分散也不一定会营造出有效的治理机制。从一些转轨国家的经验教训中可以发现，在其他控制机制尚付阙如之时，更需要股权结构的相对集中。鉴于大股东在公司治理中的独特地位，在本书第四章将要研究大股东发挥治理作用的机理、条件、股权制衡及其对公司绩效的影响。

二、董事会作用与自然人控股公司的治理

董事会一方面是所有者的代理人，代表所有者的利益，同时又是企业经理层的委托者，代表股东负责对企业经理层的监督和激励，在公司治理中居于核心地位。董事会具有监督和决策两大职能。从现代公司控制权配置的发展历史看，无论是早期的股东大会中心主义，还是后来的董事会中心主义，无论是多数所有权控制，还是少数所有权或没有所有权的管理层控制，董事会在公司控制权配置中处于核心的位置，对公司的控制都必然表现为对董事会的控制，进一步表现为对董事会多数投票权的控制。如果董事会成员主要由股东董事组成，董事会多数投票权主要取决于公司所有权结构。在独立董事占多数的董事会里，董事会的多数投票权形式上掌握在独立董事手里，这样，独立董事的投票权对董事会的控制权具有决定性的作用。

董事会向来被认为是一种重要的公司治理机制。有关董事会的论述最早可追溯到 Smith 在 1776 年的文中写道，"……由于公司董事经营的是他人的资产而非自己的，我们很难期望他们像经营自己

的资产那样用心，因此，在管理公司事务的过程中，或多或少的疏忽和慷慨也就在所难免了……"；Berle 和 Means 也持有类似的观点，"……虽然遴选董事的权利掌握在代理委员会手中，但由于代理委员会的成员是由现任经理人员指定的，因此后者完全可以控制他们自己的继任者（即董事）"。许多文献将董事会作为公司内部治理机制的重要组成部分，并建立了相关模型用来分析董事会特征对其效率的影响。总括现有的文献，董事会的构成、董事会的规模、董事会成员的激励和董事会的领导结构（Leadership Structure）都会对董事会的效率产生影响。对于中国的自然人控股公司，其董事会有何特征？董事会在公司治理中真正的作用如何？其对公司绩效有何影响？这就是本书第五章要研究的主要问题。

三、高管股权激励与自然人控股公司的治理

股权激励有广义和狭义之分，狭义仅包括股权薪酬，广义还包括经营者持股等。从根本上说，股权激励主要可以分为股票期权激励和股票激励两种形式。股权激励作为一种薪酬政策，其作用主要是：①吸引和留住高管人员。在市场经济中，管理者的才能是稀缺的，在吸引优秀公司高管方面，公司面临激烈的竞争。薪酬是吸引公司高管的重要手段。为吸引和留住高管人员，高管人员薪酬必须达到和超过高管人员的"机会成本"，或称为"保留价值"（reservation value）。保留价值部分地取决于高管人员的风险偏好。高管人员通常厌恶风险，要高管人员接受一部分有风险的报酬，公司必须提供预期价值更高的薪酬，补偿公司高管承担的风险。股权激励可以使公司吸引具有创业性的人才，而不用支付现金。保留价值只是薪酬的最低值，公司还必须提供额外的激励性薪酬。②激励高管人员。从委托—代理关系看，激励涵盖两个方面内容。一是防止经理不努力。在任何代理关系中，都存在防止代理人偷懒的问题。经理层的所有闲暇都是自己的，而努力所带来的收益大部分却归股东。二是激励经理按股东利益作出公司决策。公众公司经理在公司

决策时，可能追求自身的效用，损害股东的利益，如建造豪华的大楼、选择低风险的商业战略、反对增加价值的并购、盲目扩张，等等。股权激励的出发点，是要使受激励的人和企业形成一个利益共同体，减少股份公司的代理成本，形成激励相容的机制。

当前，公司高管股权激励机制正受到国内外理论界、政府和公司的高度关注。在欧美等成熟市场，股权激励是被视为解决现代企业委托—代理问题的重要途径，促进公司高管与股东形成利益共同体的有力手段。美国经验证明，一方面，20 世纪 80 年代蓬勃发展起来的股权激励制度在促进公司价值创造，推进经济增长等方面发挥了积极作用。股权激励尤其是股票期权制度被认为是美国新经济的推动器。另一方面，在 90 年代后期，美国的公司治理模式逐渐暴露出许多问题，出现了一系列大公司和会计事务所丑闻，其中引人注目的是上市高管人员的过度薪酬，尤其是薪酬中股票期权的滥用引发了广泛的质疑和争议，导致公司高管薪酬的"完美风暴"。2003 年美国的微软公司和花旗集团宣布放弃股票期权制度将这股质疑推向高潮。学术界、政府和市场各参与主体对股权激励的作用、与公司治理的关系、相关配套的制度进行反思和重新审视。在我国，资本市场正处于制度建设时期，上市公司高管的股权激励制度，作为最重要的长期激励机制已提上日程，国有控股上市公司股权激励办法在 2006 年 10 月已出台，成为推进中国公司治理结构改善，中国资本市场与国民经济持续健康发展的重要机制之一。

随着政策环境的逐步完善，在现有法律规定下，自然人控股上市公司也采取了股权激励模式，在样本公司中已有部分上市公司的高管尤其是总经理持股。对于所有权与经营权部分重合的自然人控股公司，公司的实际控制人肯让股于总经理吗？其持股比例如何？对公司绩效有何影响？这些都是本书第六章要研究的主要内容。

第四章 大股东治理作用与自然人控股公司的治理绩效

依据委托—代理理论：所有权与经营权分离，委托人与代理人目标函数不一致，导致传统的"股东—经理"代理问题的产生。现实中，拥有经营权的私人收益成为经理发挥激励作用的重要源泉；拥有控制权的私人收益也成为大股东参与治理的动力。可见，目标函数的不一致并非"大股东治理"产生代理问题的根源。本章从理论上阐述大股东监督的机理、过度监督、侵占问题及其解决方案；运用博弈方法分析大股东发挥作用的条件，进而揭示"大股东治理"代理问题产生的最终根源在于控股程度及信息的不完全程度，并对自然人大股东的股权控制与治理绩效进行实证研究。

第一节 大股东对公司治理的作用——监督

对于两权分离的股份制公司来说，由于股权的高度分散化→股东无法对公司的经营决策实施有效控制→公司股东委托董事会管理公司事务→董事会聘用经理人员负责公司的日常管理。因此现代公司的两权分离的直接后果是委托—代理问题的产生。但大股东可以采用多种多样的手段，除了享用《公司法》规定的各种股东权利，诸如提名董事，提交议案，参与表决等之外，他还可以利用自身的独特地位施加影响力，包括向管理层施加压力，诱导管理层等。而这种影响力既有正面的作用，也有负面的作用，也就是说，大股东对公司治理的作用既有积极的一面，也有消极的一面，详见表4-1。

从表4-1可以看出，大股东对公司治理的作用主要是监督作用。笔者将其分为直接监督、间接监督、代理监督三种类型，其中大股东可通过提名董事、提交议案、参与表决等方式对董事会进行直接监督，并诱导和影响董事会的战略决策。大股东也可直接监督经理层的努力程度与职务消费，监督利益分配与激励方式，进而诱导和影响经理层的经营决策及具体运作。大股东对控制权市场的作用主要是通过代理权争夺、兼并与收购等方式来发挥大股东的作用，通过间接方式对董事会及经理人施加压力。由于大股东的存在，给小股东提供了"搭便车"的机会，小股东基于能力不足及成本的角度将监督的权力交给了有能力的大股东，进而形成了代理—监督的关系。当然，由于大股东的强势地位，也存在大股东侵害小股东利益的动机及条件。基于上述分析，大股东发挥治理作用的机制可用图4-1所示。

表4-1　大股东对公司治理的作用

大股东的治理作用	积极作用	消极作用
对董事会的监督作用（直接监督）	监督董事会；提名董事、提交议案、参与表决；诱导其做出有利于股东的决策。	过度监督，诱导和影响董事会做出错误的决策。
对经理层的监督作用（直接监督）	监督经理层的努力程度与职务消费；监督利益分配与激励方式。	过度监督，诱导和影响经理层的具体运作。
对控制权市场的作用（间接监督）	通过代理权争夺、兼并与收购，进而监督或更换总经理。	为了自身利益参与，获得控制权收益。
对小股东的作用（代理监督）	有能力和动力参与治理，小股东"搭便车"。	大股东侵占小股东利益，导致"寻租行为"的发生。

资料来源：作者归纳整理。

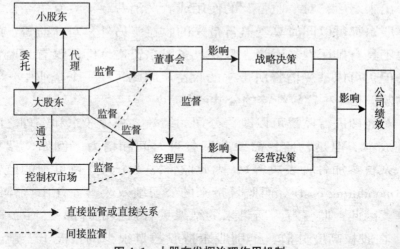

图4-1　大股东发挥治理作用机制

第二节　大股东发挥监督作用的机理

　　大股东并不直接参与公司的经营活动，但基于自身利益的考虑，他们不可能不关心公司的治理与经营情况。所以，大股东能做的就是通过各种形式进行监督。因此，大股东的监督有其产生机理和动力机理。

一、大股东发挥监督作用的产生机理

　　公司治理主要致力于提供代理问题的解决方案。当经理和股东之间出现代理问题的时候，让所有权和控制权适当集中的大股东出面参与治理成为解决股东和经理之间代理问题的重要方案。虽然大股东和小股东在法律上均拥有同等的股东权，但实际大股东有能力也有动力去实施监督。如果将股东对企业的监督看成是股东提供的一类产品的话，那么监督具有公共产品的特性。当"监督"被"生产"出来之后，对"监督"的使用或者"消费"不具有争夺性，即全体股东都可以同时享受监督带来的收益。另外，对"监督"的使用也不具有排斥性。因为，只要具备股东资格，即使没有为监督付费，但仍可以享受监督所带来的收益。因此，在一个企业中，对经理的监督是一种比较纯粹的公共产品。[117]

对经理进行监督可以改善公司的绩效，减少股东和经理之间的代理成本。但是，监督需要花费各种时间和精力（例如，搜集信息、亲自参加各种表决等），因此监督需要个人支付可观的监督成本（monitoring cost）。而监督带来的公司绩效改善往往由全体股东分享。因此，监督行为所带来的结果具有强烈的外部性（externality）。在股权高度分散，个别股东持股数量很少的情况下，就会出现这样的情况：个别股东独自承担监督成本，但公司绩效改善之后，自己依靠股权分享的数量很少，甚至低于所支付的监督成本。而其他没有支付监督成本的股东，却完全享受到绩效改善带来的收益增加。并且，由于股东人数众多，外部性波及面太广，希望通过谈判和协商来让没有提供监督，却享受到绩效改善成果的股东付费非常困难，缺乏效率。因此，在分散股权下，监督这一公共产品的供给成为需要解决的一个问题。在股权分散，全体股东都希望"搭便车"，而个别股东无法内部化其监督成本的情况下，股东将不愿意提供监督，或者说，此时监督这一公共产品的供给明显不足。张维迎用博弈论的方法构建一个公共产品供给量的数量模型，从模型中可以看出，在股权分散的情况下，小股东提供监督的数量将小于帕累托最优条件下所需要的监督数量。因此，在股权分散的条件下，全体股东都拥有强烈的"搭便车"心理，监督的市场供给量出现不足。[118]

理论文献很早就关注到分散股权下监督供给不足的问题，并提出了解决方案，那就是让股权结构适当集中。拥有集中股权的大股东存在着较强的激励去提供监督，这样监督供给不足的问题有了解决方案。Grossman 和 Hart 是较早地研究这一问题的学者。他们在1980 年发表的题为《收购要约，搭便车问题和企业理论》（Take over Bids, the Free-rider Problem, and the Theory of the Corporation) 一文中提出了并购市场的"搭便车"现象，成为研究这一问题的开创性文献。[119] Shleife 和 Vishny 于 1986 年针对"搭便车"问题提出了新的看法。他们指出，在 Grossman 和 Hart 的模型中，收购方是一个初始持股 t 为零或者很少的局外人（outsider），因此，需要各种"过滤"方案来吸引收购方实施收购，为企业的全体股东提供监督经理层这一公共产品。但是，当收购方初始持股比例较高时，情况将发生变化，这时，收购方将积极主动地实施收购，监督企业改善业绩。收购方之所以此时愿意提供公共产品，其根本原因在于他自己是最大的使用者和受益者。此外，即使这些大股东不能亲自监督经理层，他们也会积极创造条件，方便有能力的收购第三方实施收购。[120] 由于是一对一的谈判，他们很容易与第三方达成分享收益的协议。Admati Pfleiderer 和 Zechner 于 1994 年构建了一个模型，在这个模型中，股权交易的价格包含了大股东可能实施的监督数量以及这些监督可能改善公司绩效的预期。[121] 他们指出，所有权结构的不同会影响到股东实施监督的数量，进而会影响到公司的绩效。

从上面的这些文献中，可以得出结论如下：在股权分散的情况下，全体股东都有"搭便车"的心理，公共产品无从生产。而股权集中之后，大部分股东仍然具有"搭便车"心理，但公共产品可以由利益集中的大股东生产出来。这说明，"搭便车"心理不是影响监督这一公共产品生产和供给的根本原因，而所有权和控制权的结构才是真正阻挠公共产品生产和供给的"元凶"。Grossman 和 Hart 之所以具有开创性，正是因为他们实际洞察到所有权结构的重要性，并提出所有权结构对公司绩效有影响，所有权分散将不利于公司绩效改善的观点。这些文献及观点也将成为作者对自然人控股公司进行实证研究的依据与理论基础。

二、大股东发挥监督作用的动力机理

从上述分析可知，由所有权集中的大股东（他们有能力也有动力）来解决监督供给不足问题可谓是最佳方案。当股权集中在少数股东手中时，对经理层的监管会变得相对容易，投资者出于保护自己的利益，也更加倾向实施监管。按照投资理论，当企业经营状况不好时，股东会选择用脚投票的方式卖出公司股票。但是，如果企业股权相对集中在少数股东手中，用脚投票可能是成本高昂的方式，股东必须承担股票下跌的巨大损失。并且，如果市场普遍看空企业的预期收益，则股票可能会出现因投资者过少而缺乏足够的流动性，这时大股东用脚投票几乎没有可能。一般认为，当股票相对集中时，大股东会选择对企业进行干预。通过采取企业价值增值的干预方式，大股东可以从中获得利益，同时也可以部分解决代理问题。对大股东来说，实施干预进行监督一般可以得到三方面的收益：投资收益、交易收益和控制权收益。

1. 投资收益

投资收益是指大股东实施干预以后，企业整体价值提高，大股东从初始投资的股票中得到的利益。由于大股东持有股份的比例较大，因此在企业经营不佳时大股东会倾向于对企业实施积极干预。这一点很容易，初期持有的股份越多，大股东从实施干预中得到的投资收益越多。反过来，如果大股东不实施干预，初期持有的多数股权会给大股东带来重大损失。所以，如果在股票发行的时候，向潜在的大股东或所谓的战略投资者分配较多的股权，有利于将来大股东对上市公司经理层的监管。另外，大股东持股比例越高，在公司总投资收益中的份额越高，则越有利于克服小股东集体行动的难题。这样，当经理层工作效率令人不满时，他们可以积极更换不称职的经理层。

2. 交易收益

在股份公司中，不仅股东和经理之间存在着信息不对称，而且大股东和外部股东之间也存在着信息不对称。在公司的投资项目选择、发展前景、行业未来等诸多方面，与外部股东相比，大股东都具有明显的信息优势。这种信息优势可以在股票市场中为大股东带来交易收益。流动性市场的存在对大股东的监督决策具有重要影响。面对流动性市场，大股东可以根据监督情况和股票的公开交易价格等因素，随时选择变现或者增持。这样，他的收益不仅可以来源于加强监督所获的红利收入，也可以来源于交易股票所得的资本利得。市场流动性为大股东持股与否和收益方式都提供了更多的选择。

　　3. 控制权收益

　　在所有权结构集中的国家都普遍采取了相应的机制（如复合投票权、金字塔型控股结构等）来实现控制权（投票权）和收益权（现金流权）的适度分离，目的在于将一定的控制权收益让渡给大股东，以鼓励大股东进行监督。在股权集中型企业中，控制权与所有权并非完全分离，公司的控制权是掌握在拥有最多股份的大股东手中。大股东可以通过金字塔持股、发行优先股、交叉持股等方式获得公司的控制权，实际上掌握了上市公司的决策权，但是其实际拥有的现金流权却小于控制权。这使得大股东可能获取外部少数股东不能分享的私人收益。[122]

第三节　大股东监督带来的新问题

　　大股东参与治理的"积极行动"的确可以解决困扰与小股东之间的集体行动难题，作为公共产品的监督供给有了保证。但是，大股东参与治理同样带来了新的问题，那就是过度监督（Over-monitoring）和大股东侵占问题。

一、过度监督和大股东侵占问题

1. 过度监督问题

Burkart 等在 1997 年分析了大股东监督的成本——过度监督。大股东的监督虽然能创造价值,但并不是监督的数量越多越好,监督可能会损害经理层独创性的发挥,进而最终损害公司的价值。尽管管理层的利益取向和股东并不完全一致,但他们在实现自身利益的同时,也能发挥其人力资本的独创性,为股东创造出价值。因此,对于大股东提供的监督数量来说,存在一个给定约束下的最优点,超过这个最优点的监督就成为"过度监督"。

Stiglitz 于 1999 年认为,股权集中的一个独特优势在于缩短公司治理中的治理链 (Governance Chain),但是由于"过度监督"问题的存在,"治理链"实际上不能无限制地缩短。[123] Burkart 还通过模型证明了提高经理层的激励可以减少过度监督的负面影响。这表明,在强调大股东参与治理,实施监督的同时,并不能忽视对经理层的激励。只有这样,才能在大股东治理和发挥经理层积极性之间进行有效的平衡。大股东的出现对先前"股东—经理"框架下的代理问题提出了解决方案,但同时,大股东治理带来的"成本"使得人们不得不认真面对这一新的代理问题。

2. 大股东侵占问题

大股东和小股东的利益冲突最主要的根源在于二者在投资获利方式上所存在的显著差异。普通股东的获利方式除了股利和股票升值,一般不存在其他方式和手段。但对控股股东来说,其还可以凭借其控制权获取控制权私人收益来实现其利益最大化目标。控股股东获取控制权收益本质上就是对小股东应得权益的一种侵占,因为公司未来可分配的现金流量与控制权收益之和可以被认为是一个常量,代表公司的收益在进行固定支付后的剩余。因此,两者必然此消彼长,控制权私人收益大也就意味着股东可分配现金流少,从而导致小股东应得利益受到侵害。

La Porta 等在 1998 年又进一步提出，控制权和现金流量权的分离使得大股东即使持股比例较低也同样可以获得实施侵占行为的控制权，因此大股东侵占的"触发点"是控制权，而不是股权。[124] 在实际运作中，通过发行多种投票权股票（Dual Class Equity），建立金字塔（Pyramids）持股结构，交叉持股（Cross Ownership）等方式，少数股东可以用较少的代价获得公司的实际控制权。此时，基于控制地位的控制权和基于股东地位的现金流量权出现严重的分裂，侵占行为更容易被诱发，侵占行为的外部性也更严重。

而本书所研究的自然人直接控股的公司其所有权与经营权又再度部分重合，且大股东持股比例较高，将金字塔持股结构，交叉持股等方式已排除在外。虽然也可能存在大股东侵占小股东利益问题，但由于自然人控股公司上市时间短，一些问题暴露得还不够充分，如股利发放情况（现金分红、送股、增股等）可统计的时间还短，是否侵占中小股东的利益还有待于进一步的观察。所以，本书并没有从实证角度，而只是从理论上来分析大股东的侵占问题。

二、过度监督和大股东侵占问题的解决——股权制衡

在只有单一控股大股东的企业中，经理人直接受股东监督。由于"搭便车"问题的存在，众多的小股东缺乏主动监督的积极性，承担监督责任的自然应该是大股东。因为如果该大股东不去对经理人进行监督，经理人寻求自身效用最大化的行动可能给企业带来损失。大股东由于其股份持有比例最大，实际上他承担的损失也就最大。但如果大股东进行监督的话，必须自己承担所有的监督成本。因此，只有当大股东持有的股份足够大，使得其对经理人进行监督带来的剩余的收益大于其监督成本时，大股东才会有这种监督激励。当符合以上条件的大股东只有一个时，监督对于这个唯一的大股东来说，既责无旁贷，也别无选择。但单一控股股东的垄断地位也决定了大股东过度监督可能性的存在。众多对大股东治理的理论分析表明，多个大股东之间的股权制衡可以在一定程度上抑制大股

东的过度监督，同时保证大股东监督的积极性。[125~126] Burkart、Gromb 和 Panunzi 于 1997 年曾分析了多个大股东的股权结构的比较优势：增加新的大股东，原来单一股东的持股数减少了，其结果是一方面降低了单一大股东的监督激励，缓解了"一股独大"、超强投票权条件下的过度监督，有助于保护经理人员的创造性；另一方面可以有效防止出现内部人控制现象。

关于大股东侵占问题的解决从公司治理的角度来看，可以通过内部治理与外部治理进行解决。外部治理，即通过法律、政府管制等企业外的力量来保护中小股东权益，抑制大股东对小股东权益的侵占；内部治理，即在企业内引入多个大股东，通过股权制衡来抑制大股东的机会主义行为。近年来，国内外公司治理的研究大多提出应该利用法律体系、政府监管等外部治理机制来制约大股东的侵占行为，保护中小股东的权益。诚然，对处于委托—代理关系中弱势地位的外部中小股东加以保护，可以在一定程度上抑制大股东对外部中小股东权益的盘剥。但这种不顾市场机制本身的作用机制，单方面保护双边合约中的一方的做法往往会事倍功半，不仅不能保护中小股东的权益，还有碍于企业价值的最大化。也就是说外部治理的作用有局限性。

内部治理机制的实质就是用一种权利来制衡和约束另一种权利的过度使用。据此，独立董事制度、代理权争夺（Proxy Contest）和股权制衡机制都可以划归为内部治理机制。近年来，国外理论界大量的相关研究均指出，股权制衡可以较好地抑制大股东侵占效应。[127~128] 大股东们为了有效保护自身的权益，都有获取公司控制权的现实要求和能力。这样，通过由少数几个大股东分享控制权，使得任何一个大股东都无法单独控制企业的决策，则可以起到限制侵占行为的作用。由于不存在一个占明显优势的控股股东，公司的主要行动需要经由这几个大的投资者的一致同意。这些大股东所共同持有的足够大的现金流量权足以限制他们对剩余中小股东进行侵占的激励，并使其选择如下决策：限制对剩余中小股东进行侵占的行为，通过更有效率的经营措施获得更多的利润与所有股东共同分享。客观上大股东间出于自身利益的要求存在相互监督的动机和能力，这种相互监督具有过程性和时效性，即大股东可以利用自身的股权优势对获得公司控制权的大股东的治理活动进行实时监督。因此，这种监督可以有效制约获得公司控制权的大股东的滥权，防止和避免彼此对对方利益的侵害，制约大股东的"内部人"掠夺行为。[129]

第四节 大股东发挥作用的条件
——股权制衡的博弈分析

上述分析表明，大股东有监督的动力也有侵占的动机。其何时监督？何时侵占？本节运用博弈方法分析了大股东发挥作用的条件，得出不同信息条件下控股股东和非控股股东的行为关系，进而揭示了"大股东治理"问题产生的根源——控股程度及信息的不完全程度，为解决"大股东治理"问题提供了理论依据。

一、股权制衡的博弈假设

为了简化分析，本节假设将有绝对控制权的股东称为控股股东（如第一大股东），将其他股东合并为一个集合（可认为组成联盟）称为非控股股东，这样非控股股东就有能力、有积极性去监督控股股东。因此，本节将主要分析控股股东和非控股股东这个集合的博弈行为。

由于控股股东（如第一大股东）拥有企业的控制权，在利润分配给所有股东之前，控股股东能够将企业的利润的一部分转移给自己。这种转移或利益输送可能采取多种形式，如工资，转移价格，个人贷款，资产转让，以及一些可能的直接窃取方式等。[130]通过这些利益侵占手段，控股股东将部分利润侵占，假定侵占的收益为

R，侵占成本为 I，R > I。若控股股东侵占时被查出，则被罚款（罚金可能是非控股股东对控股股东的诉讼所得的补偿）；最后假设非控股股东的监督成本为 C。

二、股权制衡的完全信息静态博弈

假定控股股东（如第一大股东）有两种可供选择的策略：侵占与不侵占。非控股股东也有两个可供选择的策略：监督与不监督。假设控股股东侵占的概率为 p，$p \in [0，1]$ 则不侵占的概率为 1–p；非控股股东监督的概率为 q，$q \in [0，1]$，则不监督的概率为 1–q。若非控股股东实施监督，则控股股东的侵占行为会被发现。这些信息为大股东双方的共同知识，因此，两个局中人进行完全信息静态博弈。其双变量矩阵如表 4–2 所示：

表 4–2　股权制衡的完全信息静态博弈矩阵

非控股股东　　　控股股东	侵　占	不侵占
监　督	F－c，－(F＋I)	–c，0
不监督	–R，R–I	0，0

可以证明此博弈没有纯策略纳什均衡，但有一个混合策略纳什均衡：$p^* = c/(F＋R)$，$q^* = (R－I)/(F＋R)$。若控股股东侵占的概率 $p^* < c/(F＋R)$，非控股股东的最优选择是不监督，反之，则监督。如果非控股股东监督的概率 $q^* > (R－I)/(F＋R)$，控股股东的最优选择是不侵占，反之，则侵占。

在上述假设下，控股股东要达到自身效用最大化，关键在于非控股股东最优的监督概率 q^*，而 q^* 决定于控股股东的侵占收益、侵占成本和惩罚 F。侵占成本越高，惩罚越大，非控股股东监督的概率越小；监督成本越高，控股股东侵占的概率就越大。若侵占收益越多，非控股股东监督的概率越大，相比之下监督成本就不算什么了。因此侵占收益越多控股股东的风险越大，非控股股东实施监督的概率也越大，侵占被查处的可能性也就越大，因此控股股东反而不敢侵占。如果控股股东可投入更大的成本想法逃避非控股股东的监督，从而侵占行为更难被发现，该结论就不一定成立。但有一点可以肯定，侵占成本越高（惩罚越大），控股股东侵占的概率会减少，非控股股东实施监督的概率也会减少。

三、股权制衡的完全信息动态博弈

首先假定非控股股东先行动，控股股东在观察到非控股股东的行动后才采取自己的行动策略。由逆向归纳法，得到完全信息动态博弈的纳什均衡（监督，不侵占）和（不监督，侵占）。如果非控股股东选择监督，控股股东最优策略是选择不侵占。因为选择侵占的话，控股股东将受到损失惩罚，对其来说不是最优策略。若监督成本低，而对控股股东惩罚高，非控股股东愿损失监督成本来阻止控股股东的侵占行为。如果非控股股东选择不监督，由于侵占行为不会被发现，就不会受到惩罚，则控股股东选择的最优策略是侵占。若选择不侵占，控股股东的收益小于侵占所得的收益，因此不符合激励相容约束。若侵占收益越大，控股股东将会通过损害非控股股东的收益，提高自己效用最大化的程度。

若控股股东先行动并采取侵占策略，由于信息是完全的，非控股股东将实施监督，控股股东侵占行为就会被发现，因此控股股东不会采取侵占这个劣策略。若控股股东采取不侵占策略，非控股股东不会采取监督这个劣策略而损失监督成本，因此采取不监督策略是非控股股东最佳策略，此时双方博弈的纳什均衡为（不侵占，不监督）。

从完全信息动态博弈可以看出，博弈双方会根据对方的行动作出相应的策略，最大化自己的效用。由于存在先行劣势，所以有潜在侵占动机的控股股东总希望非控股股东先采取行动，但是必须保证自己在成本上要有优势，才能更好地实施自己的侵占行为。

四、股权制衡的重复博弈

前面对控股股东侵占的一次性博弈进行了求解，在有限次的博弈中，其纳什均衡解也是（监督，不侵占），（不监督，侵占），存在着控股股东侵占的可能性。重复博弈告诉我们，博弈方则有可能采取合作的可能。[131]现在把股权制衡的基本模型扩展为无限次重复博弈。设存在无限个阶段 t=1，2，…，阶段间的贴现因子为 δ，阶段内不考虑贴现。

则重复博弈存在一个"冷酷战略"的均衡策略，使得（不监督，不侵占）均衡存在的可能性，即非控股股东不监督，控股股东不侵占的可能性。考虑如下的"冷酷战略"：非控股股东开始选择不监督，然后选择不监督直到控股股东选择侵占，永远选择监督；控股股东开始选择侵占，然后选择侵占直到非控股股东选择监督，永远选择不侵占。我们可以证明冷酷战略是一个纳什均衡。如果下列条件满足，给定控股股东没有选择侵占，非控股股东不会选择监督：

$$R-I-\delta(F+I)-\delta^2(F+I)\cdots\leqslant 0 \tag{4-1}$$

从 4-1 式可得 $\delta\geqslant(R-I)/(R+F)$。如果 $\delta\geqslant(R-I)/(R+F)$，给定非控股股东坚持冷酷战略并且控股股东没有首先选择侵占，非控股股东不会选择首先监督。给定控股股东坚持冷酷战略，控股股东一旦侵占将永远选择侵占；如果非控股股东坚持冷酷战略，他随后在每个阶段的支付为 $F-c$，但如果他选择任何其他战略，他在任何单阶段的支付不会大于 $F-c$，因此，不论 δ 为多少，控股股东有积极性坚持冷酷战略。类似地，给定控股股东坚持冷酷战略，即使非控股股东自己首先选择了不监督，坚持冷酷战略也是最优的。这样我们就证明了冷酷战略是一个纳什均衡。

因为博弈重复无限次，从任何一个阶段开始的子博弈与这个博弈的结构相同。如果 $\delta\geqslant(R-I)/(R+F)$ 冷酷战略是一个子博弈精炼纳什均衡，帕累托最优（不监督，不侵占）是每个阶段的均衡结果。由于在重复博弈的条件下，非控股股东与控股股东之间信息的不对称将趋于平衡，会逐步削弱控股股东的隐藏信息和隐蔽行为，控股股东侵占失去了意义。控股股东出于对长远利益的考虑，从非控股股东那里得到不侵占获得的效用要比侵占获得的效用大。

五、股权制衡的不完全信息动态博弈

由于存在不完全信息，本研究作了以下几个假设：$\Phi = \{\phi_1, \phi_2\}$ 表示控股股东的类型空间，ϕ_1 表示侵占，ϕ_2 表示不侵占，ϕ_i 为控股股东的私人类型，控股股东知道 ϕ 的取值，而非控股股东仅知道其概率分布：$p\{\phi = \phi_1\} = p$，$p\{\phi = \phi_2\} = 1 - p$；$M\{m_1, m_2\}$ 表示控股股东的信号空间，m_1 表示控股股东不刻意隐瞒自己的侵占行为，m_2 表示其声称自己不侵占，且刻意隐瞒自己的侵占行为，从而使侵占行为很难被察觉；非控股股东的行动空间为 $A = \{a_1, a_2\}$，a_1 表示非控股股东对侵占行为不进行监督或者进行消极的监督，即使控股股东的侵占行为很容易被察觉，非控股股东也不能检查出控股股东的侵占行为，a_2 表示非控股股东采取积极的检查行动，能够检查出刻意隐瞒的侵占行为。两种检查行动的成本分别为 c_1，c_2，且 $c_1 < c_2$，不进行监督则 $c_1 = 0$；当 $\phi = \phi_2$ 时，必有 $m = m_2$，即当控股股东不侵占时，它不可能声称自己侵占；假设控股股东的效用为 u_1，非控股股东的效用为 u_2。利用豪尔绍尼转换，[132] 假设控股股东先行动，选择易被察觉或难以察觉的侵占方式；非控股股东后行动，根据控股股东的侵占行为，选择监督行动的方式。股权制衡的不完全信息动态博弈的扩展式如图 4-2 所示。

根据假设，该模型只存在分离策略和混同策略，不存在其他策略，即分离策略为：

$$m(\phi) = \begin{cases} \phi_1 & \phi = \phi_1 \\ \phi_2 & \phi = \phi_2 \end{cases}$$

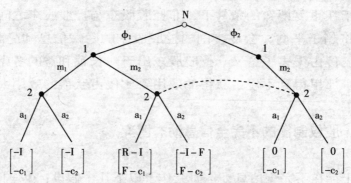

图4-2 股权制衡的不完全信息动态博弈

混同策略为：

$$m(\phi)=\begin{cases}\phi_2 & \phi=\phi_1\\\phi_2 & \phi=\phi_2\end{cases}$$

若控股股东选择分离策略时，非控股股东的最优选择为 $\{a_1,$ $a_1\}$，即非控股股东总是采取消极的监督行动。控股股东的最佳策略为$\{m_1，m_2\}$，即声称不侵占。可以证明，分离策略不是子博弈精炼贝叶斯纳什均衡。[133]

证明：若控股股东选择分离策略$\{m_1，m_2\}$，非控股股东的信息推断为：

$$p(\phi_1|m_1)=p(\phi_2|m_2)=1, \quad p(\phi_1|m_2)=p(\phi_2|m_1)=0$$

当$m=m_1$时，非控股股东的效用最大化为：

$$\max\sum u_2(\phi_j，m_1，a_i)p(\phi_j|m_1)=\max u_2(\phi_1，m_1，a_i)\times 1$$

$$=\max\{u_2(\phi_1，m_1，a_1)，u_2(\phi_1，m_1，a_2)\}=\max\{-c_1，-c_2\}=-c_1$$

$$\therefore a^*(m_1)=a_1$$

当$m=m_2$，$a^*(m_2)=a_1$

因此，当控股股东如实报告策略 $\{m_1，m_2\}$ 时，非控股股东选择 $\{a_1，a_1\}$，即采取消极的监督行动；当非控股股东选择 $a^*(m)=\{a_1，a_1\}$ 时，控股股东选择 $m^*(\phi)=\{m_2，m_2\}$，即报告不侵占。这样，偏离了分离策略，故分离策略不是子博弈精炼贝叶斯纳什均衡。

同理可以证明混同策略是子博弈精炼贝叶斯纳什均衡（混同均

衡）。若控股股东选择混同策略时，非控股股东的最优选择为{a_1, a_1}，即非控股股东总是采用消极的监督行动，可得控股股东的最佳反应是混同策略{m_2, m_2}。

从以上可知，控股股东选择侵占行为，而非控股股东则选择不监督。因此，在不完全信息动态博弈中，控股股东的侵占行为产生了。

六、博弈分析的结论及实践意义

大股东在公司治理中是监督还是侵占，关键是取决于信息的完全程度，换言之，信息的完全程度是大股东发挥作用的重要前提条件。这对于公司治理的应对策略具有指导意义。

（1）完全信息静态博弈表明，控股股东侵占的最优选择取决于非控股股东监督的概率。完全信息动态博弈表明，若在非控股股东先行动的情况下，控股股东侵占是对非控股股东采取策略的最佳反应；而在控股股东先行动的情况下，则存在（不侵占，不监督）的可能。因此，如何降低非控股股东的监督成本，提高控股股东侵占成本成为完全信息情况下股权制衡的关键。

通过建立监督中介机构，由股东选择，但由公司支付费用，这样实际是所有的股东为这项服务付费。在美国有 10~20 个这样的监督中介机构提供监督服务，监督中介机构之间存在竞争。[134] 充分发挥监督机构的作用，提高对侵占活动监督的概率，随机地对控股股东进行监督，降低监督成本以加大控股股东侵占成本。同时，改变非控股股东博弈局的不均衡，提高侵占活动的风险系数，对侵占行为进行严惩，影响控股股东的成本收益，使其预期的侵占收入小于预期的侵占成本，从而使控股股东因侵占的预期效用为负而放弃侵占行为。Sheleifer 和 Vishny 认为如果对股东利益具有良好的法律保护，则可以在一定程度上解决控股股东所带来的成本。[135] Dyck 和 Zingales 也发现，对中小股东权益保护制度越完善，控股股东获取控制权收益的成本就越高，控制权收益也越小。[136] 因此，加强法制和完善公司内部治理也能降低监督成本，提高控股股东的侵占成本。

（2）在完全信息重复博弈的条件下，有（不监督，不侵占）策略存在的可能性。而在不完全信息动态博弈下，控股股东会利用信息的不完全性，始终选择侵占的行为。

KMRW 的声誉模型告诉我们声誉效应能够有效地约束控股股东行为。非侵占型控股股东可以借助良好声誉获取长期的效用；侵占型控股股东则有模仿非侵占型的激励，被迫将实际侵占率收敛在其他股东能够接受的范围内。[137] 对控股股东来说，在投资者中建立一个不侵占或少侵占的良好声誉是一个值得做出的理性选择。因此，必须强化控股股东的信誉建设，应明确将信托义务和诚信义务作为控股股东必须履行的义务，弱化控股股东的侵占动机。在股权制衡的博弈中，非控股股东也要注重博弈规则的建立和维护，强调自身"声誉"的建立，保持其监督政策的一致性和稳定性，便于非控股股东形成长期博弈的预期，增加博弈的次数，为控股股东的自我约束创造条件。

（3）信息的不完全性导致控股股东侵占其他股东的行为，如何提高股东信息的完全性，降低信息的不完全性，这也是解决控股股东侵占行为的一个途径。因此，提高股东信息的完全性，必须落实股东的知情权、质询权和提案权，让非控股股东享有话语权，有权就股东大会议程中的相关事项质询董事会、监事会和经理人员。同时，加强公司信息披露的充分性、透明性，改造和优化股权结构，建立和完善独立董事制度，构建有效的约束与激励机制，提高财务报表的有用性，规范财务信息披露行为。

（4）在自然人控股公司中，由于自然人大股东控制，甚至是家族控制，相对小股东而言，信息的不完全程度更强。自然人大股东或其家族成员，为了自己的利益，进行关联交易，或将其亲属安排在高管层担任各种职务，控制董事会、监事会及经理层。因此，必须对自然人控股公司的信息完全程度加以高度关注。

从第四章第四节的分析来看，信息的不完全程度决定着大股东的行为，但是，又是谁决定和影响了信息的不完全程度呢？在公司治理中，大股东因为控股才有动力和能力发挥着直接或间接的监督作用，进而导致过度监督问题的产生；也因其控股加剧了信息的不对称性，进而导致大股东侵占问题的产生。因此，控股程度（股权结构）才是产生"大股东治理问题"的真正根源。

第五节　自然人控股公司大股东股权控制与治理绩效的实证研究

本节将以 42 家自然人控股公司为样本，针对产生"大股东治理问题"的真正根源——"股权控制程度"对公司绩效的影响进行实证研究。研究的方法主要是利用 SPSS13.0 提供的 Pearson 方法进行相关分析、采用曲线估计法进行回归分析。

一、大股东参与治理的研究回顾

大股东的出现究竟是否可以改善公司绩效，长久以来，国内外学者对此进行了大量的理论和实证研究。从理论分析来看，大股东参与治理的作用有时是积极的，而有时又是消极的，由于大股东参与治理的复杂性，或者是发挥作用的条件不同，导致其对绩效的影响是不确定的。从实证结果来看，得出了正相关、负相关、不相关、曲线相关等截然不同的研究结果（详见第二章第二节）。但却得出同样的一个结论：各国的股权结构均出现了某种程度的集中化倾向。Admati、Pfleiderer 和 Zechner 于 1994 年提供了一组美国机构投资者的数据。据介绍，这些机构投资者共计持有 1989 年美国最大的 100 家企业 53.2%的市值，到 1994 年，美国的一家机构投资者 CalPERs 超过了 800 亿美元。[138] 这样，美国大部分企业都有大股东，这些大股东既包括著名的机构投资者，也包括私人投资者，例如该企业的发起人。并且，这些大股东在公司治理中日益活跃。

管理层持股比例的上升也说明了股权趋于集中的趋势。Mikkelson 和 Partch 于 1989 年对美国上市公司的随机抽样调查后发现，公司高级管理人员等内部人平均持股比例在 1973 年为 19.8%，1978 年为 20.5%，1983 年为 18.5%，三年合计平均数为 19.6%，显示了较高的比例。Holderness 于 1999 年用时间序列的方式研究了美国公司的所有权集中度问题。他选择了 1935 年的大约 1500 家上市公司和 1995 年的超过 4200 家上市公司作为对比研究的样本。通过对比研究，他们发现，1935 年管理层持股比例由 13% 上升到 1995 年的 21%。La Porta 于 1996 年对 49 个国家最大 10 家公司的股权结构集中度进行了国际比较研究。他们的研究表明，股权结构在世界范围内都呈现出集中趋势。[139]

出于对自身利益的追求，大股东更倾向于在公司治理中扮演积极角色。大股东积极参与治理首先可以从世界各国机构投资者的迅速发展以及兼并收购浪潮的持续高涨看出。以美国为例，美国的机构投资者主要包括养老基金、互助基金、保险公司等。在 20 世纪 90 年代初期，美国的机构投资者就达到了 13000 多家。随着这些机构投资者实力的增强和利益的集中，他们逐步改变了以往消极地"用脚投票"的局面，在公司治理中发挥积极的作用。此外，大股东积极参与治理也体现在兼并收购数量的迅速上升上。从 20 世纪 80 年代以来，大规模的兼并收购不仅在美国，而且在欧洲（特别是英国）一直长盛不衰。通过兼并收购，大股东得以控制目标公司，参与公司治理。这样，兼并收购实际上成为大股东发挥其作用的重要手段。而大量的研究也进一步从实证角度验证了大股东参与治理的情况。[140] 从公司高层管理人员被更换的频率上也可以看出大股东在参与治理时发挥的积极作用。绩效表现不尽如人意的公司的高层管理人员被更换的频率更高。这方面的实证研究成果有：1988 年的 Warner 和 1995 年的 Denis 对美国市场的分析，Franks 和 Mayer 于 1995 年对德国的分析以及 Kaolan 于 1994 年对法国的分析。

在我国，从 2001 年年报开始，上市公司必须以追溯披露最终控制人的形式来披露大股东的情况。和以往相比，对大股东的披露透明度有了很大的提高。虽然我国上市公司的股权集中度相当高，一些民营企业通过各种方式参与到上市公司的大股东行列中来。但是，从市场的整体来看（因为中国的市场还是以国有企业控股为主），由于各种原因，大股东在实施监督和改善绩效方面效果有限。但是对于自然人控股公司而言，是典型的"一股独大"，是公司的实际控制者，其到底在公司治理中发挥什么作用？对公司绩效有何影响？这正是下面将要研究的问题。

二、研究假设的提出

对中国的自然人控股公司而言，第一大股东是自然人，所有权与经营权又再度重合。根据产权理论，其对公司的关注程度要比任何类型公司都要强烈，具有很强的控制欲望。自然人大股东以其股权的强势地位，控制董事会和管理层，进而影响公司绩效。而大股东的股权控制程度通常表现为股权集中度和股权制衡度两种形式。

股权集中度（Concentration Ratio of Shares）是指全部股东因持股比例的不同所表现出来的股权集中还是分散的数量化指标。从总量上看，股权集中度是一家上市公司中前几位大股东持股比例之和占总股本的比重。从结构上看，股权集中度还包含了控股股东与其他非控股股东之间的股权比较。目前，反映股权集中度的指标主要有以下几个：第一大股东的控股比例，前三大股东的控股比例，前五大股东的控股比例，前十大股东的控股比例；第一大股东与第二大股东的比值；第一大股东与第二至第五大股东持股之和的比值等。[141~142] 自然人控股公司股权集中度较其他分散的社会公众公司相比股权集中，与国有控股公司相比也毫不逊色，可以说是另一种的"一股独大"。但笔者认为自然人适度的"一股独大"对上市公司有益。一是因为个人直接获得投资收益而关注公司利润；二是注重个人的社会声誉而对公司的经营责任更为直接；三是有利于充分发挥控股自然人的主观能动性，激发其集中精力投入管理，有利于企业的长远发展。因此，笔者提出假设1：

假设1：自然人控股公司第一大股东的控股比例与公司绩效显著正相关。

自然人控股公司一般都是由发起人、家族所控制，前五大股东持股比例较高，即体现出"五股共大"的特性。如果股权过于集中，由少数自然人控制的企业，其管理效率会相对较高，但产生"内部人控制问题"的风险也相对较大，如容易产生内部交易、关联交易、加大了企业投资风险、信息披露不规范等。另外自然人较高的股权集中度，其通过进入董事会、监事会等方式，加剧了对董事会及经营层的过度监督与干预程度，最终导致绩效的下降。所以，笔者提出假设2：

假设2：自然人控股公司前五大股东的控股比例与公司绩效显著负相关。

股权制衡度主要是反映前几大股东之间的制衡关系，它是指由少数几个大股东分享控制权，通过内部牵制，使得任何一个大股东都无法单独控制企业的决策，达到互相监督和抑制掠夺的效果。目前，国内学术界主要是利用第二大股东至第五大股东的持股比例之和与第一大股东持股比例的比值。黄渝祥、李军于2002年依据2001年上市公司年报进行了实证研究得出"股权制衡度与公司业绩的相关关系随股权制衡度的变化而变化"的结论。当股权制衡度小于1.18或大于3.09时，公司业绩与股权制衡度负相关，股权制衡度越高，公司业绩越差；而股权制衡度在1.18~3.09时，公司业绩与股权制衡度正相关，股权制衡度越高，公司业绩越好。[143] 施东晖在2004年进行的实证研究却没有得出显著相关的结论。[144]

笔者也认为，股权制衡是解决大股东侵占问题和过度监督问题的有效途径。因此提出假设3：

假设3：自然人控股公司的股权制衡度与公司绩效显著正相关。

三、样本的选取与变量的确定

1. 样本的选取

截至 2006 年年底，经过对中国境内 A 股上市公司的全数核查，第一大股东为自然人直接控股的共有 43 家，其中上交所有 18 家，在深交所的中小企业板中有 25 家。本书剔除了 600503ST 新智，选取了其余的 42 家（42 家样本中无 B 股和 H 股）全部样本，对这些公司的治理结构的相关数据进行统计。2004~2006 年，中国的经济形势稳定发展，对上市公司的治理也不断深化，信息披露越来越准确、及时和完整，这为本书的进一步研究提供了可行性和可靠性。为了使实证结果尽可能避免偶然性，作者选取 2004 年、2005 年、2006 年 12 月 31 日三年相关数据的均值进行研究，以使本研究更贴近现实。

2. 变量的确定

（1）被解释变量。公司的绩效体现为公司价值的增加，因此，作者将公司价值和公司价值成长能力定义为被解释变量。本章以净资产收益率（ROE）来衡量公司价值，净资产收益率是反映盈利能力的财务指标，其比率越高代表企业的获利能力越强。用托宾 Q 值（Tobin's Q Ratio）来衡量公司价值的成长能力。托宾 Q 值的计算方法是公司的市场价值加上负债再除以公司的总资产。其中，负债 F 和公司的总资产 ZZ 可以直接从上市公司的年报中查得；而市场价值 P 的计算需作如下说明：第一，中国股市中有流通股 n_1 与非流通股（股改后被称为已发行未上市股）n_2 之分，上述的 42 家样本中有近 2/3 是非流通股（2004 年该比例占 69.68%、2005 年占 61.67%、2006 年占 57%），作者认为不考虑非流通股所计算的托宾 Q 值会被不同程度地低估。第二，若考虑非流通股，用每股市价乘以非流通股总数来计算非流通股的市值，未免会高估非流通股的市值，因此作者采用每股市价的 1/2 乘以非流通股总数来计算非流通股的市值。第三，关于每股市价的确定，大多数学者采用 12 月 31

日的收盘价，作者认为其偶然性太大，本书采用了 K 线图中的止于 12 月 31 日（或每年的最后一个交易日）的 20 日均线值（相当于整个 12 月份的平均价）作为每股市价 P。所以托宾值 Q=（市值+负债）/总资产=$[(P \times n_1 + P \times n_2/2) + F]/ZZ$。第四，前 30 家样本托宾值 Q 是三年的平均值，而后 12 家样本的托宾值 Q 值仅仅是 2006 年的，好在 2004~2006 年中国股市还没有大起大落，大牛市还没有真正开始，采用这三年的数据进行计算，不会有太大的差异，也就是说，数据具有可靠性。

（2）解释变量。用符号 YD 表示第一大股东持股比例，YD 值越大，表示第一大股东的控制力度越大，主导公司经营管理的控制权也越大；YD 值越小，其他股东用手投票的效用越大，参与公司治理的积极性也越高。用符号 QW 表示前五大股东持股比例之和，QW 值越大，则表示前五大股东的控制力度越大，说明股权的集中度也越大。用符号 ZD 表示股权制衡度，ZD 是前二至五大股东与第一大股东持股比例的比值，ZD 值越大，说明对第一大股东的股权制衡能力越强；ZD 值越小，对第一大股东的制衡能力越弱。

四、变量的描述性统计

大股东控制度是衡量公司的股权结构及分布状态的主要指标。按照上市公司中第一大股东所持有的股份的多少，分别以 20% 和 50% 作为两个分界点，将公司控股模式分为三类：当第一大股东所持有的股份数额占公司总股本的 20% 以下时，则称该公司为股权分散控制模式；当第一大股东所持有的股份占公司总股本的 20%~50% 时，则称其为相对控股模式；而当第一大股东所持的股份占公司总股本的 50% 以上时，则称其为绝对控股模式。自然人控股公司的第一大股东控股比例（YD）及前五大股东控股比例（QW）分布与公司绩效的描述性统计如表 4-3 和表 4-4 所示。股权制衡度（ZD）值在不同区间（如 1.0~1.5~2.5）与公司绩效的描述性统计见表 4-5。表 4-3 至表 4-5 中的 ROE 为 2004~2006 年三年的均值；

表 4-3 样本公司第一大股东持股与公司绩效的描述性统计

变量及数值		第一大股东持股比例 YD（%）				
		≤20	20~30	30~40	40~50	合 计
样本情况	家 数	11	21	4	6	42
	比 重	26.19	50.00	9.52	14.29	100.00
净资产收益率 （%）（ROE）	平均值	10.72	12.44	15.70	15.75	—
	最大值	16.82	22.76	25.05	24.00	—
	最小值	1.47	−5.52	7.09	8.16	—
	标准差	5.20	7.60	8.95	6.24	—
托宾 Q 值	平均值	1.49	1.66	1.46	1.65	—
	最大值	2.58	3.00	2.15	3.03	—
	最小值	1.08	0.86	1.04	1.00	—
	标准差	0.42	0.57	0.53	0.75	—

资料来源：作者根据 2004~2006 年上市公司年报及中投证券超强版系统数据整理。

表 4-4 样本公司前五大股东持股与公司绩效的描述性统计

变量及数值		前五大股东持股比例 QW（%）				
		20~40	40~60	60~70	70~80	合 计
样本情况	家 数	4	20	16	2	42
	比 重	9.52	47.62	38.10	4.76	100.00
净资产收益率 （%）（ROE）	平均值	9.52	12.32	13.73	16.09	—
	最大值	16.42	22.76	25.05	16.53	—
	最小值	3.06	−2.73	−5.52	15.65	—
	标准差	5.64	6.57	8.15	0.62	—
托宾 Q 值	平均值	1.54	1.51	1.67	1.98	—
	最大值	2.58	3.00	3.03	2.63	—
	最小值	1.08	0.98	0.86	1.33	—
	标准差	0.70	0.45	0.61	0.92	—

资料来源：作者根据 2004~2006 年上市公司年报及中投证券超强版系统数据整理。

Q、YD、QW、ZD 值前 30 家为三年均值，后 12 家为 2006 年数据。

42 个样本中，第一大股东持股比例均值为 25.43%，最大值为 49.66%，最小值为 5.82%。从表 4-3 的分组描述性统计中，读者会发现，目前自然人控股公司有 26.19% 属于股权分散控制模式，另 73.81% 属于股权相对控制模式；第一大股东持股比例与净资产收益率有递增趋势。从表4-4可见，前五大股东的持股比例与净资产收益及托宾Q值有递增趋势。从表4-5可见，股权制衡度与净资产收益率及托宾Q值看不出明显的趋势。

表4-5　样本公司股权制衡度与公司绩效的描述性统计

变量及数值		股权制衡度 ZD				
		<1.0	1.0~1.5	1.5~2.5	≥2.5	合　计
样本情况	家　数	11	14	12	5	42
	比　重	26.19	33.33	28.57	11.91	100.00
净资产收益率 (%)（ROE）	平均值	15.07	11.58	13.04	10.41	—
	最大值	25.05	22.76	21.24	16.42	—
	最小值	7.09	−2.73	−5.52	1.47	—
	标准差	6.95	7.40	7.03	6.15	—
托宾Q值	平均值	1.56	1.62	1.58	1.65	—
	最大值	3.03	3.00	2.63	2.58	—
	最小值	1.00	0.98	0.86	1.08	—
	标准差	0.62	0.55	0.53	0.61	—

资料来源：作者根据2004~2006年上市公司年报及中投证券超强版系统数据整理。

五、相关分析

以上只是从描述性统计来进行简单的分析，但要想比较准确地反映变量之间的相关性，需利用SPSS13.0提供的Pearson方法对上述的五个变量进行相关性分析，结果见表4-6。

根据表4-6的检验结果，可以初步得到以下结论：

（1）第一大股东持股比例与公司业绩指标——净资产收益率、托宾Q值在0.05水平上显著正相关。这表明目前状态的自然人控股公司的"一股独大"并没有对公司业绩构成危害，相反在一定程度上还有利于公司业绩的提高。

（2）前五大股东持股比例与公司业绩指标——净资产收益率、托宾Q值也是正相关，但并不显著。这说明了自然人控股公司目前高度集中的股权结构——"五股共大"对公司业绩的影响并不大。

表 4-6 相关性检验结果

		ROE	Q	YD	QW	ZD
ROE	Pearson Correlation	1	0.643***	0.364**	0.115	−0.187
	Sig.（2-tailed）		0.000	0.014	0.467	0.237
Q	Pearson Correlation		1	0.294**	0.163	−0.004
	Sig.（2-tailed）			0.047	0.303	0.980
YD	Pearson Correlation			1	0.579***	−0.849***
	Sig.（2-tailed）				0.000	0.000
QW	Pearson Correlation					−0.233
	Sig.（2-tailed）					0.138
ZD	Pearson Correlation					1
	Sig.（2-tailed）					

注：*** Correlation is significant at the 0.01 level （2-tailed）. ** Correlation is significant at the 0.05 level （2-tailed）.

（3）股权制衡度与公司业绩指标——净资产收益率、托宾 Q 值负相关，但并不显著，这与前面的理论分析相矛盾。

六、回归分析

相关分析只是用来分析两两变量之间相关的方向和强度。因此，有必要采用更加科学的方法，再进行详细的分析，如最为常用的回归分析方法。

本书采用曲线估计法确定回归方程。该方法通过对备选方程总体显著性检验、参数显著性检验和拟合效果的比较，确定一个合适的回归方程，克服了选择回归方程的主观性。回归方程具体筛选原则是：①方程总体的显著性检验。根据 F 值判别方程总体的显著性，将通过显著性检验的方程作为备选方程。②参数估计值的显著性检验。根据相伴概率 P 值判别参数估计值的显著性，将各个参数均通过显著性检验的方程作为备选方程。③方程拟合效果的比较。根据比较调整后的 R^2 值确定选用方程。调整后的 R^2 值越高，在一定程度上表明回归方程的拟合效果越好。根据以上三点原则，作者选择方程总体和各个参数均通过显著性检验，并且调整 R^2 值较大的方程进行回归分析。[145]

本研究首先选择常用的 Linear（线性）、Logarith（对数）、Inverse（反函数）、Quadratic（二次方）和 Cubic（三次方）模型作为初始方程，因为这五个模型反映了最常见的五种曲线形式（线性可认为是曲线的特例）；其次，利用 SPSS13.0 提供的曲线估计法对公司业绩关于大股东持股比例（第一大股东、前五大股东）及股权制衡度（ZD）进行了回归选择与分析。

（1）净资产收益率（ROE）和托宾（Q）关于第一大股东的回归。回归结果见表 4-7 和表 4-8。

表4-7　净资产收益率（ROE）关于第一大股东（YD）的回归

变量	模型 A1 Linear	模型 B1 Logarith	模型 C1 Inverse	模型 D1 Quadratic	模型 E1 Cubic
YD	0.251**	5.702**	−79.653**	0.339	1.741
Sig.	0.014	0.012	0.021	0.437	0.177
YD^2				−0.002	−0.062
Sig.				0.835	0.239
YD^3					0.001
Sig.					0.246
常数项	6.235	−5.257	16.591	5.175	−3.672
Sig.	0.026	0.453	0.000	0.373	0.699
调整 R^2	0.113	0.117	0.098	0.092	0.101
F 值	6.586**	6.817**	5.782**	3.242	2.643
Sig.	0.014	0.012	0.021	0.049	0.062

注：***Correlation is significant at the 0.01 level（2-tailed）. ** Correlation is significant at the 0.05 level（2-tailed）.

表4-8　托宾（Q）关于第一大股东（YD）的回归

变量	模型 F1 Linear	模型 G1 Logarith	模型 H1 Inverse	模型 I1 Quadratic	模型 J1 Cubic
YD	0.016**	0.347	−4.779	0.007	0.223**
Sig.	0.047	0.052	0.077	0.831	0.028
YD^2				0.000	−0.009**
Sig.				0.797	0.028

变　量	模型 F1	模型 G1	模型 H1	模型 I1	模型 J1
	Linear	Logarith	Inverse	Quadratic	Cubic
YD^3					0.0001**
Sig.					0.025
常数项	1.184	0.504	1.828	1.286	−0.076
Sig.	0.000	0.362	0.000	0.006	0.917
调整 R^2	0.066	0.063	0.048	0.046	0.135
F 值	4.178**	4.006	3.288	2.079	3.343**
Sig.	0.047	0.052	0.077	0.138	0.028

注: ***Correlation is significant at the 0.01 level（2-tailed）. ** Correlation is significant at the 0.05 level（2-tailed）.

由表 4-7 可知，净资产收益率（ROE）关于第一大股东持股比例（YD）回归的备选方程中，模型 A1、B1、C1 都满足前述回归方程的筛选原则，但是比较三者的 Sig.值、调整 R^2 及 F 值可知，模型 B1 的拟合优度更好。因此，选择模型 B1 进行回归分析，回归方程为：

$$ROE = -5.257 + 5.702 \ln YD + \varepsilon \tag{4-2}$$

由表 4-8 可知，模型 F1、J1 都满足前述回归方程的筛选原则，但是比较二者的 Sig.值、调整 R^2 及 F 值可知，模型 J1 的拟合优度更好。因此，选择模型 J1 进行回归分析，回归方程为：

$$Q = -0.076 + 0.223 YD - 0.009 YD^2 + 0.0001 YD^3 + \varepsilon \tag{4-3}$$

从回归结果来看，方程（4-2）、方程（4-3）总体均通过了给定 5%显著水平的检验，这说明回归方程的设计比较合理，而且每个方程中的参数估计值也通过了 5%的显著水平检验。这说明第一大股东的持股比例与公司绩效具有显著的曲线关系。其模型 B1、J1 的拟合分析图见图 4-3 和图 4-4。

将模型 B1，即方程（4-2）求一阶导数，可知 ROE 的一阶导数为 5.702/YD，显然，模型 B1 是一个增函数。但随着第一大股东（YD）持股比例增加，其净资产收益率（ROE）增加的幅度将越来越小。这就意味着第一大股东的持股比例达到一定程度时，再增加

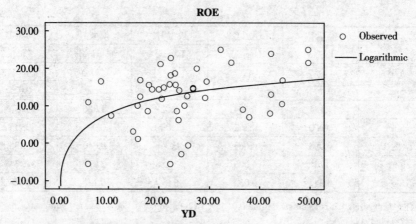

图4-3 净资产收益率（ROE）关于第一大股东（YD）的回归拟合图

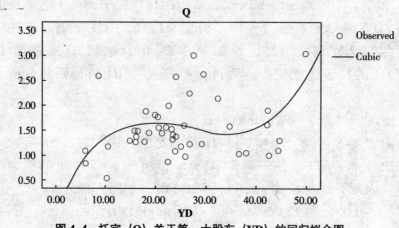

图4-4 托宾（Q）关于第一大股东（YD）的回归拟合图

持股比例对净资产收益率的贡献并不是很大。

将模型 J1，即方程（4-3）求二阶导数并令其等于 0，得出模型 J1 曲线的拐点值 YD=30%，见图4-4。这说明在第一大股东控股比例小于 30% 时，其与托宾 Q 值是呈倒 U 型曲线关系（即凸弧），当第一大股东控股比例大于 30% 时，其与托宾 Q 值是呈 U 型曲线关系（即凹弧）。由此可以看到第一大股东的持股的最优比例是非单调的。

将方程（4-3）求一阶导数并令其等于 0，得出两个驻点值分别为 17.48% 和 42.52%。因此，模型 J1 曲线可分为三个单调区间（0~17.48~42.52~50），即自然人控股公司第一大股东持股比例 YD 值在 5.82%~17.48% 区间和 42.52%~50% 区间，随着 YD 值的增加，托宾 Q 值急剧增加；在 17.48%~42.52% 区间，随着 YD 值的增加，而托宾 Q 值在缓慢减少，也就是说出现了如同张维迎所分析的"坏区间"。[146]

（2）净资产收益率（ROE）和托宾（Q）关于前五大股东持股比例（QW）及股权制衡度（ZD）的回归。在回归的备选方程中，没有满足前述回归方程的筛选原则，即前五大股东的持股比例、股权制衡度（ZD）与公司绩效不具有显著的相关关系。因篇幅所限，回归结果见附表 2 至附表 5。

七、对回归结果的讨论与推论

通过上述实证分析，作者得出了自然人控股公司股权控制程度对公司绩效的影响结果，并分析如下：

1. 关于第一大股东持股比例与公司绩效

假设 1："第一大股东的控股比例与公司绩效显著正相关"并不准确。本实证得出的结论是，第一大股东持股比例与净资产收益率是对数关系，是一个增函数，这与理论分析和假设基本一致。而与托宾 Q 值是一个非单调的三次曲线关系，且中间有一个"坏区间"，因此，有必要分区间来进行分析。

（1）在 5.82%~17.48%，第一大股东持股比例与托宾 Q 值是正向关系。这与众多学者的结论是一致的。因为在此区间内，属股权分散控股模式，随着第一大股东持股比例的上升，大股东监督的动力和积极性也将提高，有助于减少代理成本，此时，大股东参与治理的积极作用大于消极作用（或还没出现显著的消极作用），进而有利于企业价值的提高。

（2）在 17.48%~42.52%，即"坏区间"，第一大股东持股比例与托宾 Q 值是反向关系。这一结论与张维迎所分析的"坏区间"

不谋而合。张维迎通过项目决策的实例（事实上体现的是控制权安排），分析了企业家持股比例与企业价值之间的关系，得出了类似一个 N 型曲线关系，出现了一个"坏区间"，并从投票机制和控制权的角度进行了分析。同时他还发现，在现实中，非控股股东不愿意第一大控股股东持有 50%以上的股份，企业在首次私募（或公募）时把第一大股东的股份降低到 50%以下；否则，其他股东就不愿意进入。作者认为，对自然人控股公司而言，随着大股东持股比例的增加，对公司关注的程度也在增加，基于其较强的控股地位，很容易获得较大的控制权，并获得相应的控制权收益，导致侵占行为的发生。同时，随着控股程度的加大，信息不完全程度也将加大（大股东与经营者之间、大股东与小股东之间），过度监督问题将更易发生，此时大股东参与公司治理的消极作用大于积极作用，进而不利于公司价值的提高。另外，从图 4-4 可见，在"坏区间"内，第一大股东对托宾 Q 的反向作用并不是很大。

（3）当第一大股东控股比例达到某一高点时，事情就会发生变化，因为较高控股比例的大股东，其代理问题并不严重，过度监督问题（如侵占行为）则应更为严重，但事实并非如此，说明一定有其他因素在起作用。作者认为是较高的所有权在起作用。依据产权理论，此时的大股东比任何人都关注公司的情况，因为大股东可获得的收益=投资收益+交易收益+控制权私人收益。我们考虑一个极端的情形：假设大股东持有的股份越接近 100%，基本不存在委托—代理问题，无法用委托代理理论去解释。而此时大股东的收益与投资收益的相关系数就越大，因流动性的原因而导致的交易收益就越小，控制权私人收益越接近于零。因为大股东如果侵占小股东利益，还不如说是侵占自己利益。因此，随着控股比例的高度增加将主要取决于其投资收益。具有高度控股程度的大股东，必然会选择有利于自己，同时也有利于公司的投资项目，否则，将会给自己带来重大损失。

自然人控股公司第一大股东持股在 42.52%~50%时，对于已公开上市的公司而言，其比例已是相当高了，第一大股东参与公司治理可获得的收益与上述极端的形式基本雷同。大股东在权衡利弊后会选择积极监督，而不是侵占。当然，这不能证明大股东持股比例可持续增大，因为，对于已上市或将要准备上市的公司而言，其他股东出于自身利益考虑，不希望第一大股东具有绝对的控制权，所以，自然人控股公司的第一大股东的持股比例没有超过 50%。这也验证了张维迎所发现的现实。

2. 前五大股东的控股比例与公司绩效

假设 2："前五大股东的控股比例与公司绩效显著负相关"不成立。自然人控股公司前五大股东的控股比例均值为 55.63，最大值为 78.43，最小值为 23.01。且自然人控股公司大都是民营企业或是家族企业，基于上述同样的理由，他们都非常在意公司的发展状况。所以，目前自然人控股公司这种"五股共大"的特征并没对公司绩效构成危害。

3. 股权制衡度与公司绩效

假设 3："自然人控股公司的股权制衡度与公司绩效显著正相关"不成立。在自然人控股公司中，大部分是家族企业，有的第二至第五大股东与第一大股东之间具有关联关系或是直系亲属关系；再加上第一大股东一般都是发起人、董事长甚至兼任总经理，具有占优的股权和决策权，股权制衡的作用不明显也就可以理解了。但证明了在自然人控股公司中，股权制衡作用并没有出现前面理论分析的结论，也就是说理论中分析的股权制衡作用在此失效。

4. 推论

基于上述分析，可得出如下推论：

（1）第一大股东的持股比例与公司绩效的关系，与选取的绩效指标有关（如 ROE，Q），绩效指标的不同，所得出的结论可能有所差异。

（2）从图 4-3 和图 4-4 可见，第一大股东持股比例在分散控股范围内适度集中有利于公司绩效的提高；在"坏区间"内，第一大股东的持股比例对托宾 Q 值也没产生太坏的影响。因此，目前自然人控股公司的"一股独大"非但未对公司绩效构成显著危害，甚至还有利于公司绩效的提高。

（3）自然人控股公司股权集中度高，"一股独大"、"五股共大"的特征明显，股权制衡作用失效，但并没有出现国有企业"一股独大"的诸多弊端，原因在于其特殊的产权制度。所以，明晰的产权制度是提高企业价值的重要前提，也是目前我国国有企业改革的关键。

（4）本结论也间接地证明了以股权分散为前提的委托—代理理论在解释具体问题时的局限性。用产权理论来解释自然人大股东控股对公司绩效的影响则更具说服力。

第五章　董事会治理作用与自然人
控股公司的治理绩效

大股东发挥治理作用的条件是控股及信息的不完全程度。董事会发挥治理作用的本质和约束条件又是什么呢？大股东控制下的自然人控股公司的董事会特征与公司绩效有何关系？本章将用理论分析和实证研究来回答这两个问题。

第一节　不完全契约与董事会治理作用的本质

本节从讨论传统法人治理结构的缺陷出发，试图对董事会治理作用的本质进行理论阐释。分析表明，董事会治理作用的本质是企业契约规则的制定人和监护人，同时是不完全契约条件下短期合约的裁定人和边际调整人。

一、不完全契约与传统法人治理结构

企业契约的不完全性以及为解决契约不完全性而建立的传统法人治理结构存在缺陷，是董事会及独立董事产生的基本原因。

企业理论将企业解释为利益相关者合作关系的一系列契约的集合。不同生产要素的所有者之所以通过契约将各自的生产要素组合在一起，并以团队的方式进行生产，是由于他们相信，合作生产的

收益大于他们各自独立生产的收益。按照资本雇用劳动的逻辑，非人力资本要素的投入者成为企业的股东，人力资本要素的投入者成为企业的雇员。一个股东参与企业契约所付出的代价是，放弃对自己所投入的那部分财产的直接支配权，作为补偿，他得到的是有限责任和一组权利，包括与其他股东共同分享企业控制权和收益权。股份制公司的这种契约安排，意味着企业与其成员在目标和利益上并非总是一致的。如果企业制度安排的内在约束机制存在缺陷，机会主义行为的收益又大于合作的收益，破坏契约规则行为的发生就不可避免了。

企业的契约理论告诉我们，由于未来的不确定性、环境的复杂性和人的有限理性，参与企业契约的当事人无法预测未来可能发生的所有事件，并通过具体的条款将它们写入契约之中，即使他们试图努力这样做，高昂的缔约成本亦使这种努力在经济上得不偿失。因此，欲使企业契约参与者们的合作关系持久、稳定且有效率，就必须解决由契约不完全所导致的三个问题：第一，由谁来支配企业的财产；第二，面对初始契约中没有写入条款的不确定事件，由谁来进行决策；第三，如何使决策者的决策符合所有合作者的共同利益，并使不完全契约留下的那块模糊地带产生机会主义行为的可能性最小化。为解决上述三个问题而建立的一整套企业制度安排，被称为法人治理结构亦称公司治理结构。法人治理结构可以理解为契约参与者们为解决契约的不完全性，通过一套权力与利益分配及相互制衡的规则，规范人们在契约履行过程中的行为，使之有利于契约参与者合作关系稳定和谐而建立的一个约束框架。

按照法人治理结构的内在逻辑，股东是企业风险的完全承担者，企业组织或法人是股东实现利益最大化的工具。法人治理结构所要解决的主要问题，是股东与其代理人合作中的委托—代理关系问题，即如何通过有效的监督与激励，约束代理人的机会主义行为，降低代理成本，从而使股东剩余索取的那一部分价值能够实现最大化。解决的主要方法，一是通过权力制衡来监督和约束代理人的机会主义行为；二是给予代理人一部分剩余索取权，使之与其手中的部分剩余控制权相对应，从而化解因人力资本的产权特征而产生的监督难题，通过激励降低代理成本。迈克尔·詹森和威廉·梅克林认为，企业"可作为一个复杂过程的聚焦点，在这个过程中，个人间相互抵触的诸多目标会被一个契约关系框架带入均衡"。[147]董事会及独立董事参与法人治理，正是由于传统法人治理结构在实现这种均衡时存在缺陷。

二、传统法人治理结构的缺陷

1. 传统法人治理结构内部治理的缺陷

传统法人治理结构内部治理的第一个缺陷是，在股权极为分散的条件下，名义上作为企业所有者的股东，在自利动机的支配下，主动或被动地放弃属于自己的那部分控制权，从而使企业的控制权逐渐转移至代理人手中，而对代理人的决策行为，股东丧失了监督和约束能力，只能被动地接受，或用退出契约的行为表示不满。这种格局一旦形成，代理人的机会主义行为既不可避免，又无法约束。被代理人控制的条件下，通常会使股东大会流于形式，成为空壳。内部董事及由经理人提名的外部董事逐渐控制了董事会，这使股东同时也丧失了通过董事会监督和约束经理人行为的能力，当股东与经理人产生利益冲突时，用脚投票成为股东唯一理性的选择。股权边际分散的过程，也是股东对企业控制权逐渐弱化的过程，在某一个边际点上，股东与其代理人的关系发生质变，代理人反仆为主，股权至上的法人治理结构在实践中背离了资本雇用劳动的内在逻辑。

传统法人治理结构内部治理的第二个缺陷是，它不能有效抑制少数大股东操纵企业，滥用有限责任的行为。由于小股东主动或被动放弃投票权机制的存在，即使不是处于控股地位的少数大股东，亦能经过精心的策划与合谋，利用自己的优势地位，通过操纵股东大会的投票结果，垄断企业的全部控制权。大股东通过技术性操作，将股东大会和董事会的决策权以及经营权垄断于一身，并使董事会和经理人成为自己的傀儡。大股东利用信息的不对称，一方面以法人组织的名义，通过借贷、担保、增发、发行债券来募集社会财富；另一方面通过关联交易转移利润，甚至转移公司财产，企业破产时，法人组织在前面挡驾，他们可以躲在公司面纱的后面逃避追究和惩罚。这意味着，其他契约参与者几乎完全失去了保护自己产权的能力，同时意味着，对大股东滥用有限责任的行为，传统法人治理结构自身缺乏有效的约束机制。

上述这两大缺陷，即无论是股东丧失对企业的控制权，还是大股东对权力的滥用皆表明，通过传统法人治理结构来均衡契约参与者的目标和利益，从而使合作关系稳定和谐的目的难以实现。

2. 传统法人治理结构外部治理的缺陷

当股东作为监督者与经理人作为被监督者之间，由于信息不对称而使监督有效性降低，监督成本上升时，一些经济学者相信，某些来自外部市场的信号会对企业的经营者施加压力和影响，从而在某种程度上抑制代理人的机会主义行为，这种机制被称为公司的外部监督或外部治理。

对公司治理起作用的外部市场主要包括产品市场、借贷市场、股票市场及企业控制权市场。他们发挥作用的机制是，代理人的机会主义行为会导致企业产品竞争力降低，从而使企业盈利水平下降；借贷市场上的投资者将减少或停止借贷行为；在一个有效的股票市场上，股价将迅速对此做出反应，这将引起收购或兼并者的注意和兴趣，如果他们经过分析与评估，认为通过改善企业的经营能够获取利益，就会以企业的控制权为目标，对企业进行兼并与收购，这将使代理人面临失去现有地位和既得利益的威胁。如果一个经理人因企业经营效益不佳而失去职位，回到经理人市场中，其人力资本价值将因此而贬值。但事实上并非如此，因为外部治理机制的主要缺陷在于信号的滞后性，即外部市场向契约参与者发出的信号，是对机会主义行为的事后反应，其发挥作用的前提是，众多契约当事人必须支付利益必然损失的成本，因而外部治理或监督本质上是一种被动的治理机制。[148]

三、董事会发挥治理作用的本质

企业制度安排的变革与创新必须同时解决三个问题：一是能否割断大股东或经理人与企业绝对控制权相联系的可能性。二是能否有效解决外部治理的信号滞后问题，能在事前防止和事中监督且抑制重大机会主义行为的产生和发展。三是能否使众多参与契约的利益相关者按风险均衡地分享企业控制权，同时又能在他们发生分歧时有效抑制可能增加的谈判成本，不影响决策效率。看来，只有拥有一定数量独立董事的董事会才能负此重任。因为这样的董事会才能令所有参与契约的利益相关者们信任与接受。

首先，无论是大股东还是经理人，他们都是通过控制董事会，进而实际垄断了企业的控制权，同时意味着法人治理框架内权力监督与制衡机制的失灵。但改变结构后的董事会，由于独立董事进入董事会并成为决策主体，便从理论设计上割断了二者与企业绝对控制权相联系的可能性，从而使契约规则及权威性得到维护。因此，拥有一定数量独立董事的董事会的本质作用之一是：客观上它是不完全契约在履行过程中其内在规则的监护人。

其次，在契约履行的过程中，由于规则得到有效维护，大股东通过控制董事会，进而控制经理人，直接支配企业财产，从事机会主义行为可能性也大大降低。而经理人的行为则被置于独立的董事会的约束之下，他们只能在契约规则规定的范围内进行决策，而他们的经营行为也时刻受到监督。在董事会的监督和约束有效的前提下，这种制度安排逻辑上可在一定程度上解决外部治理的滞后性问题。

最后，理论及现实证明众多利益相关者直接分享和行使控制权不具有可操作性。拥有一定数量独立董事的董事会参与法人治理，可以解释为众多利益相关者间接分享和行使企业控制权，共同治理企业的一种替代形式，在这种替代形式中，董事会及独立董事的本质作用是短期合约的裁定人和边际调整人。

第二节　董事会治理作用有效性的约束条件

任何制度的设计都有一定的局限性。也就是说，其制度的有效实施受一定条件的约束。根据本书对董事会本质作用的界定以及从对其进行论证的逻辑中，可以归纳出判断董事会制度是否有效的约束条件——董事的选聘机制、董事会的构成及信息的不对称程度。

一、董事的选聘机制

选聘制度通常包括三个方面的内容：一是选民问题（或投票规则）；二是选票计算规则；三是投票方式问题。科学的选聘机制是良好公司治理结构形成的前提，事实上，董事提名与选聘制度的完善与否在很大程度上决定了董事会运作的独立性与有效性。在实践中，董事的选聘机制的确存在问题。在美国等股权分散的国家，股东的选举权几乎被剥夺殆尽，产生了代理人控制董事会的局面；而在欧洲大陆、东南亚股权较为集中（或家族控股）的国家，则产生了大股东控制董事会的局面；在中国，据上交所研究中心 2004 年的调查报告可知，绝大多数董事候选人是由董事长与主要股东协商后，以董事会名义向股东大会提出的，或者由股东直接提出候选董事名单。在国家控股的上市公司中，股东直接提名董事候选人是最主要的董事提名方式；在法人控股的上市公司和民营上市公司中，主要是由董事长与主要股东协商后，以董事会名义提出董事候选人的。由契约合作关系中某一利益个体或利益集团（主要指大股东或经理人）选聘的董事的作用在逻辑上是无效的。

二、董事会的构成

不论董事会及独立董事是作为契约规则的监护人，还是短期合约的裁定人或边际调整人，其作用的有效性，在逻辑上皆要求独立董事群体必须成为董事会决策行为的主体。按一般董事会的决策规则，在董事会的结构中，如果独立董事不能超过半数，独立董事作用的有效性就是不可靠的。因为在 1 人 1 票，少数服从多数的决策规则面前，人数处于劣势的独立董事群体的权力，并不能对董事会的决策起决定性的作用。因此，董事会的构成，即独立董事所占比例成为董事会决策是否科学有效的重要约束条件。在董事会的所有决策中，如果独立董事群体并不起决定性作用（如独立董事不占多数），则董事会的独立决策作用将降低。

三、信息的不对称程度

在董事会作出决策的前提下，其博弈或合作的主要对象是掌握着企业另一部分控制权的经理人。董事与经理人之间的信息不对称程度，成为影响董事会作用有效性的主要因素。因为一方面，信息的准确性、及时性和完整性，是董事会有效监督和决策的前提条件；另一方面，信息的不对称也是经理人机会主义行为得逞的必要条件之一。如果在董事会制度中缺乏有效的信息获取和沟通机制，董事会的作用必然被弱化。委托—代理理论给出的解决方法是激励，但这一药方只能部分解决经理人的偷懒问题。现实中，没有几个大规模企业的衰败或破产是由经理人的偷懒或在职消费行为导致的，而更多的是由经理人的冒险性决策，以及为掩盖决策失误而持续进行的一连串机会主义行为和它们所累计的恶果最终暴露造成的。董事会行使监督和决策权的意义在于，要在这类机会主义行为给企业造成重大损害之前做出反应。这种反应是否及时有效取决于信息的不对称程度，因此，有效的信息获取和沟通制度的建立，是董事会作用有效性的重要约束条件。在法人治理结构中，若董事会缺乏有效的信息获取和沟通制度，董事会的作用将随着信息不对称程度的增加而趋于弱化。

看来，董事会作用的有效性是有条件的。现实中，董事的选聘机制常会出现问题，独立董事的有效性也有人质疑，信息也不可能做到完全对称。因而，现行的董事会制度并不是完全有效的。否则，安然等知名上市公司的一连串丑闻就不会发生。所以，关于董事会制度的理论和实证研究从未间断过。

第三节　董事会制度的研究逻辑

拥有独立董事的董事会作为联结股东与经理层的纽带，是现行法人治理结构的重要组成部分，其治理作用直接关系到公司业绩和股东利益。因此，对董事会制度的研究一直是人们关注的热点问题。

如果用数学方程来描述董事会制度实证研究的主要问题，可以把大量的研究概括为如下三个方程，许多研究实际上都是对这三个方程中的一个或几个关系进行检验。这三个方程依次是：

$$a_{t+s} = \phi c_t + \varepsilon_t \tag{5-1}$$

$$p_{t+s} = \beta a_t + \eta_t \tag{5-2}$$

$$c_{t+s} = \mu p_t + \xi_t \tag{5-3}$$

其中，c 表示董事会的特征（如董事会的构成、规模或领导权结构）；a 表示董事会的行动（如同意接管活动或解雇现任 CEO 等）；p 表示公司业绩（如利润）；t 表示时间（s≥0）；ϕ、β 和 μ 是待估计的参数；ε、η 和 ξ 表示其他影响因素的作用（加上残差）。

如果把前两个方程进行联立处理，可以得到董事会特征和公司业绩的关系如下：

$$p_{t+s} = \beta(\phi c_t + \varepsilon_t) + \eta_t \tag{5-4}$$

以上四个方程的关系，可以用图 5-1 来表示。图中逻辑关系的含义在于：具有不同特征的董事会，其行为是不同的，因此，公司的业绩也就会不同；反过来，公司业绩又会影响公司董事会特征的进化。于是，研究的任务就是在这样一个相互影响的关系中发现有效率董事会的特征，进而有意识地对董事会进行改革。因此，关于董事会特征的研究，主要从三个方面展开：第一，是董事会的构成状况，即内部董事和外部董事的比例，或外部董事（独立董事）占整个董事会成员数量的比例。第二，是董事会的规模，也就是董事会成员的数量。第三，是公司的领导权结构，也就是看公司的董事会主席与 CEO 是否为一个人兼任。[149] 这就是学者们研究董事会的主线。

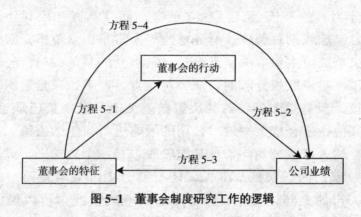

图 5-1　董事会制度研究工作的逻辑

第四节　自然人控股公司董事会的治理特征

上述理论分析中阐述的拥有独立董事的董事会可以割断大股东或经理人与企业绝对控制权相联系的可能性。现实是否果真如此？大股东控制下的董事会又有何特征，其作用的有效性如何？本节将对自然人控股公司的董事会治理特征进行研究。

一、董事长的权威治理特征

两权分离的股份制公司的股东、董事会、经理人之间是多重委托—代理关系。公司的重大事项或决策都要经股东代表大会表决通过，股东代表大会是公司最高的权力机构。董事会对所有的股东负责，经理层对董事会负责。董事会一般是制定公司的战略决策，而经理层一般是执行董事会的决议，并制定相关的经营决策。但在实际的运作过程中，董事会是公司治理中最为关键的治理机构。公司的决策质量取决于董事会成员的智慧与构成。在目前的董事会成员中可细分为：董事长+董事+独立董事，而且掌握并控制公司的经营权的总经理或副总经理、财务总监等人常常也是董事。因此，董事会的决策质量主要取决于董事长、董事会的其他成员、经营层人员的作用。对于股权分散的公众公司而言，董事长只是组织召集董事会会议，没有更多的特殊的决策权。无论是董事长还是总经理，他们与其他董事会成员一道对公司的战略进行科学的决策。但对于中国的自然人控股公司而言，其控股股东是一个自然人，或者说是一个企业家，他们就是董事长，还有部分内部董事是第一股东的"近亲"，再加上部分的董事长兼任总经理的情况，可以说大股东控制下的董事会，其实就是董事长控制下的董事会，董事会的决策质量就要看这些"关键人"的能力、水平和动机了，见图5-2。

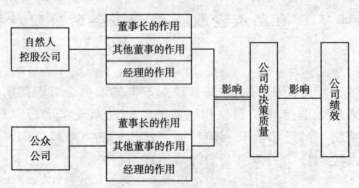

图5-2　大股东控制下的董事会作用与绩效

通过分析作者发现，股权结构不同，董事会发挥治理作用的程度就不同，尤其是董事长所发挥的作用不同，由此影响到公司的决策质量，进而影响公司的绩效。可见，自然人控股公司的董事长不同于公众公司的董事长，在公司中体现出较强的"权威治理"特征，其影响力极大，因此，有必要对董事长的权威治理进行一下分析。

1. 权威治理的形成与表现

自然人控股公司主要由创业企业家或家族成员主导，进而演变形成权威治理。通常在竞争性行业和高速增长的中小企业更加突出。自然人控股公司董事长权威治理的形成有其自身的客观背景，主要表现为：

（1）财产所有权因素。企业所有权安排很大程度上取决于财产所有权。对于自然人控股公司而言，很多企业是由创业企业家（后来成为董事长）投资创立，即使是通过融资创立，一般也保持较大比例的股权，形成创业企业家控股的股权结构。按照一般的治理逻辑，持有较大股份的创业企业家拥有更多的话语权，在企业治理过程中处于绝对的主导地位。这就为企业内部治理权威的形成奠定了产权基础。

（2）人力资本价值重要性在自然人控股公司治理中的体现。目前，中国的自然人控股公司大都是中小型的高科技民营企业，企业的领军人物往往是创始人，同时也是核心技术人员。拥有特殊人力资本价值的技术权威，对企业的发展起着至关重要的作用。由于技术权威拥有的特殊技术知识，使其在治理结构中处于主导地位。也就是说，企业创业初期的控制权实际上掌握在技术权威手中，进而形成权威治理。对于创业初期的自然人控股公司而言，董事长所拥有的特殊的人力资本价值天然地具有企业治理的权力和能力。

（3）速度经济的内在要求。高技术产业是知识型产业，同时又是速度型产业。同样，自然人控股公司大部分是高技术企业也是速度型企业，企业技术的研发速度和新产品占领市场的速度，是企业实现快速发展，急剧膨胀的关键，也是企业创造新的商业盈利模式的关键。速度经济需要决策的高效化和治理的集中化，自然人控股公司具有先天优势，顺理成章地形成权威治理。

（4）个人能力因素。凡是在激烈的市场竞争中存活下来，并发展壮大的企业都存在一个"能人现象"，这些能人后来成为董事长。我国的能人经济特征则更加明显，经营的成功使人们对企业权威的经营能力更加折服，权威地位更加巩固，人们更加信服权威治理的正确性，权威治理状态更加突出并程式化和制度化。

2. 权威治理的潜在危害

对自然人控股公司而言，权威治理具有明显的优势，但又具有潜在的危害，企业治理必须权衡两者的关系，以求得企业整体治理效率和治理效益的提高。

（1）从理论和现实上讲，董事长的利益目标与投资者的价值目标可能不一致，但假定投资者可以通过各种治理制度安排，实现两者目标的一致性，即董事长的行为取向是为公的。但是董事长的能力是有限的，并具有变化性，主要的变化因素来源于其职业生涯的能力曲线的变化。而集体治理的正确程度高于个人治理的正确程度，因为集体的智慧大于个人的智慧。

（2）企业治理在获得治理收益的同时，还需要支付一定的治理成本。治理成本包括治理过程成本和治理损失成本。治理过程成本主要包括实现治理过程中所需支付的基本费用，比如，监督成本、激励成本等。治理损失成本主要包括由于治理不善可能给企业带来的损失，比如，过度的个人治理行为造成决策失误给企业带来的损失。在权威治理条件下，治理过程成本较低，但存在潜在的较大的治理损失。主要因为企业的权威治理是建立在权力高度集中的基础之上，企业权威主导着公司的治理过程，董事长的意志和偏好决定着企业治理方案的选择和治理结果。企业生死寄托于董事长权威的决策能力和道德品质之上，一旦决策失败，企业会损失惨重，蕴藏潜在的治理风险。相反，由于集体治理可以发挥领导班子的集体智慧，可以避免治理过程中的片面的认识和可能的武断决策，所以，企业的集体治理具有较小的治理损失成本。但集体治理可能具有较大的治理过程成本，包括增加的治理协调成本、决策时间成本、执行落实成本等。因此，企业必须权衡权威治理效率和潜在可能损失之间的关系。

二、董事会构成和规模特征

我国上市公司年报中公布的高管人员明确分为董事会成员、监事会成员及公司管理人员。本研究的董事会规模就是上市公司年报中公布的相关董事，即董事会规模=董事+独立董事。在我国，董事会的构成主要是独立董事的比例。具体如下：

第一，从数量构成来看，42 家样本公司中共有独立董事 145 人，平均每家上市公司有独立董事 3.45 人，最大值为 5 人，最小值为 3 人；董事 274 人，平均每家上市公司有董事 6.52 人，最大值为 10 人，最小值为 4 人。

第二，从独立董事的学历构成来看，145 名独立董事有博士学位 45 人，硕士学位 44 人，学士学位 49 人，大专 7 人。硕士以上学位占 68.28%，独立董事基本都是学历较高，所从事的职业大部分都是大学教授、各学科专家、社会名流等。

第三，从独立董事的年龄构成来看，各公司的独立董事年龄偏大，最大年龄为 75 岁，最小年龄为 32 岁，均值年龄为 52 岁。

第四，独立董事占董事会的比重均值为 34.69%，超过了证监会的最低要求（大于三分之一）。

第五，董事会的规模均值为 9.98 人，最大值为 15 人，最小值为 8 人。

从上述的统计结果可见：从表面来看，自然人控股公司董事会的设置符合证监会的要求，但独立董事有的年龄偏大，如其中有 60 岁以上 40 人，70 岁以上 12 人，还有的独立董事身兼数职，大都是"大忙人"。他们能否有足够的时间和精力来履行其职责呢？另外，我国独立董事薪酬仍实行津贴制，由上市公司承担并由上市公司支付，独立董事每年都从上市公司获得一定的收入（有的甚至

表 5-1 董事会规模与构成统计表

类型	构成	平均值	最大值	最小值	标准差	42 家总人数（人）
董事	数量构成	6.53	10.00	4.00	1.22	274
独立董事	数量构成	3.45	5.00	3.00	0.66	145
	学历构成	3.88	5.00	2.00	0.91	—
	年龄构成	52.29	75.00	32.00	11.21	—
	独董比重（%）	34.69	55.55	23.08	6.31	—
董事会规模		9.98	15.00	8.00	1.37	419

备注：学历赋分原则是：博士 5 分、硕士 4 分、本科 3 分、专科 2 分、高中 1 分

资料来源：作者根据上市公司 2004~2006 年年报相关数据整理。

相对于他们的主业收入并不算低），如何起到监督作用？其独立性如何体现呢？也就是说，独立董事发挥作用的质量还需进一步地研究。

三、董事会的领导结构与学历特征

1. 自然人控股公司两职兼任情况

公司的领导结构主要是指董事长和总经理两职兼任情况。自然人控股公司由于都是民营企业甚至是家族企业，他们往往是大权在握，不肯也不放心放手，经常会出现董事长或副董事长或直系亲属兼任总经理。为了表示两职兼任的程度，所以用多分类有序自变量，也就是等级变量（这种等级变量可以作为一个数值变量引入模型）来表示，并将其兼任水平分为高、中、低三个水平，见表 5-2。董事长兼任总经理赋值为 4；副董事长兼任总经理且是直系亲属关系赋值为 3；副董事长兼任总经理但非亲属关系赋值为 2；不兼任但董事长与总经理为直系亲属关系赋值为 1；两职完全不兼任赋值为 0。在 42 家样本公司中，完全不兼任的有 20 家，但仍有 22 家董事长与总经理具有不同程度的关联性，具体见表 5-2。

2. 自然人控股公司两职学历情况

为了研究自然人控股公司的董事长与总经理的学历，采用等级变量赋值方法。即博士 5 分、硕士 4 分、本科 3 分、专科 2 分、高

表 5-2　自然人控股公司的两职兼任情况统计表

兼任程度	兼任水平	赋分方法	家数	百分比
董事长兼任总经理	高	4	8	19.04
副董事长兼任总经理且亲属关系		3	2	4.76
副董事长兼任总经理非亲属关系	中	2	6	14.29
不兼任总经理但亲属关系	低	1	6	14.29
两职完全不兼任		0	20	47.62
合　计	—	—	42	100.00

资料来源：作者根据上市公司 2004~2006 年年报相关数据整理。

中 1 分。作者特进行了详细的统计，经统计发现，总经理学历略高于董事长学历，具体见表 5-3。

表 5-3　董事长与总经理学历情况统计表

学　历	博士（人）	硕士（人）	本科（人）	专科（人）	高中（人）	平均值
董事长学历	2	10	14	13	3	2.88
总经理学历	2	11	17	11	1	3.05

资料来源：作者根据上市公司 2004~2006 年年报相关数据整理。

四、董事会家族控制特征

　　本节中所界定的家族公司主要依据以下两点：一是前十大股东之间是否具有亲属关联关系；二是在公司高管中（包括董事、监事、经营层）与董事长是否具有亲属关系。在 42 家自然人控股公司中有 23 家是家族企业，占总数的54.76%（样本见附表 1）。由于自然人控股公司中第一大股东都是董事长本人，所以，表现出董事会和经营层事实上被大股东家族控制的特征。在对 42 家样本公司进行详细分析发现：部分自然人控股公司的高管与董事长、副董事长有着密切的联系。为了更明确地表示出不同的家族控制程度，本研究采取等级变量进行细分，具体情况详见表 5-4。

　　综上所述，自然人控股公司的董事会不同于传统公司的董事会，体现出明显的董事长权威治理和大股东控制的特征。按照前面分析的董事会作用的有效性的条件来衡量，自然会得出推论：自然

表 5-4　董事会家族控制程度

家族控制程度	控制水平	赋分方法	家 数	百分比
董事长与总经理兼任且与其他高管是亲属	高	6	3	7.14
董事长与副董事长或总经理是亲属且与其他高管也是亲属		5	6	14.29
董事长与总经理兼任但与其他高管无亲属关系*	中	4	3	7.14
董事长与副董事长或总经理是亲属，但与其他高管不是亲属		3	3	7.14
董事长与总经理不兼任但与其他高管人员是亲属	低	2	6	14.29
董事长与总经理不兼任且与其他高管无亲属关系		1	2	4.76
不是家族公司		0	19	45.24
合 计	—	—	42	100.00

注：* 亲属关系的确定是根据 2004~2006 年上市公司年报中公布的情况整理。

人控制下的董事会其监督作用将会失效，进而影响到公司绩效。事实情况如何，需要实证来检验。

第五节　自然人控股公司董事会治理特征与绩效的实证研究

一、研究假设的提出

1. 董事会规模与公司绩效

20 世纪 90 年代以前，部分研究支持大规模董事会，认为大规模董事会提供多角度的决策咨询，帮助企业获得必要的资源，建立企业良好的外在形象，降低 CEO 控制董事会的可能性。此外，大规模董事会可以避免任人唯亲，聘任有能力的外部董事领导公司。但进入 90 年代以后，众多学者通过实证，指出了大规模董事会，其董事数量带来的好处并不能抵消由此引起的决策迟疑和拖拉等问题的成本，如 1992 年的 Lipton 和 Lorsch，1993 年的 Jensen，1996年的 Yermaek，1998 年的 Eisenberg，[74-77] 得出了董事会规模与公司绩效负相关的结论（具体详见第二章）。

在我国，孙永祥、章融 2000 年采集 1998 年 517 家 A 股上市公司作为样本，发现我国上市公司的董事会规模与公司绩效负相关，董事会规模越小，公司绩效越佳。[150] 沈艺峰 2002 年也发现 PT 公司和 ST 公司的董事会规模偏大。[151] 但李常青、赖建清 2004年得出董事会规模与每股收益负相关，而与净资产收益率正相关。[152] 陈军、刘莉 2006 年得出董事会规模与公司绩效显著负相关。[153] 对于自然人控股公司而言，是由董事长与主要股东协商后，以董事会名义提出董事候选人，基本都是大股东的代言人，他们比谁都关注公司的情况，所以，一般不会作出对自己不利的决策，但如果人太多，将会影响到决策的果断性。因此作者提出假设 1：

假设 1：董事会规模与公司绩效负相关，但不显著。

2. 董事会的构成与公司绩效

代理理论认同外部董事的重要性，认为外部董事可以提高董事会决策的独立性、客观性和专业性。一方面，外部董事可以提供多角度、多领域的建议，协助管理层规划和执行公司发展战略；另一方面，外部董事作为公司与外界环境连接的桥梁，能够凭借其声誉帮助公司获得必要的资源。但是，以上观点也遭到另一些学者的质疑，他们认为外部董事缺乏足够时间和专业技能履行自己的职责。因此外部董事决策的独立性和客观性值得怀疑。

早期研究认为内部董事能够提高公司绩效，20 世纪 70 年代以后的研究成果则存在一定的分歧：有些学者认为外部董事能够提高公司绩效，而其他一些学者则证实董事会构成与公司绩效无关。即使在美国，独立董事制度的作用也不断受到社会各界的怀疑和批评。许多批评者告诫，美国公司董事会的制度设计阻碍了有效的和批评性的监督。虽然我国政府监管部门和各界有志之士大力提倡独立董事制度，但是迄今的实证研究成果并不支持独立董事的作用。

如李常青、赖建清，陈军、刘莉则得出董事会的构成与公司绩效负相关的结论。自然人控股上市公司独立董事的比例基本上都是按照上市公司的要求，达到了 1/3 以上，但差异性不太大，因此本研究提出假设 2：

假设 2：独立董事比例与公司绩效正相关，但不显著。

3. 两职兼任与公司绩效

现代管家理论倾向于采用"两职合一"的领导结构形式。他们认为，两职合一有利于提高信息沟通的效率和组织决策的速度，从而也有助于提高企业的经营绩效。然而，代理理论积极主张采取"两职分离"的领导结构。在代理理论看来，人具有天然的偷懒和机会主义的动机，为了防止代理人的"败德行为"和"逆向选择"，需要一个有效的监督机制。两职合一意味着总经理要自己监督自己，这与总经理的自利性是相违背的，于是，代理理论认为，董事长和总经理两职应分离，以维护董事会监督的独立性和有效性。吴淑琨 2002 年以 ROA 作为公司绩效指标，发现一元制与公司绩效负相关，但缺乏显著性。[154]于东智和谷立日则认为董事会领导结构与公司绩效并不存在显著的线性关系。[155]徐二明、张晗也得出两职兼任与否对公司绩效的影响并不显著。[156]徐向艺等得出的研究结论是总经理为董事长、副董事长和董事的公司治理绩效明显好于总经理为非董事会成员的公司。[157]笔者认为，对于自然人控股公司而言，虽然两职兼任有利于快速决策、降低代理成本，但是较高的兼任程度加大了董事长权威治理的风险，也加剧了家族对公司决策层及经营层的控制度，信息的不对称程度也将有所提高。基于以上原因，作者提出假设 3：

假设 3：两职兼任程度与公司绩效显著负相关。

4. 两职学历与公司绩效

自然人控股公司大都是中小型高科技民营企业。朱武祥 2002年曾指出，这样的企业在业务快速发展的同时没有建立符合现代企业管理制度的公司治理结构，总经理或某些关键个人的影响力远超过公司规章制度。高闯也认为其企业治理在制度安排上还存在典型的权威治理和企业永续发展关系的平衡问题。[158] 自然人控股公司中由于股权集中度高，再加上两职兼任程度高，其委托代理问题并不严重。公司绩效除了与体制、行业、竞争性市场、产品的寿命周期等因素之外，一个非常重要的因素就是董事长和总经理的能力。虽然决定公司绩效的因素有很多，但作为企业的领军人物——董事长和总经理的决策能力、创新能力、管理能力等综合能力是企业成败的关键。但这些能力不太好量化，根据信号传递模型，尽管文凭不一定是能力的源泉，但可以成为领导能力的象征。因此，笔者提出假设4：

假设4：两职学历与公司绩效显著正相关。

5. 家族控制程度与公司绩效

在42家自然人控股公司中，家族企业为23家，家族公司为了增强对公司的控制力，常采取股权控制及进入董事会和经营层的方式进行控制。家族制在创业之初常常是有效的企业治理形式，它能迅速地聚集家族资本和家族关系资源，灵敏地适应环境不确定性的影响。但当企业发展超出家族管理资源的禀赋、需吸纳和整合社会管理资源时，建立起规范的契约治理结构就成为必要。也就是说，家族股东与小股东、家族股东与经理人的代理关系在企业发展初期能发挥其正面作用，提高企业治理效率，促进企业发展。而当企业成长到一定阶段时，两重代理关系可能引起的冲突相当严重，降低了公司治理效率，以致成为企业成长的一个桎梏。

笔者认为自然人控股公司，因其家族控制，引起了相应的一系列问题，如大股东与小股东之间，家族股东与非家族股东之间，董事会与经理层之间都存在着较为严重的信息不对称问题及代理问题，这将影响公司绩效及长远发展。所以，笔者提出假设5：

假设5：家族控制程度与公司绩效显著负相关。

从西方董事会治理作用实证研究结论来看，董事会的构成、董事会的规模、董事会的领导结构对公司绩效的影响至今也没有得出一个统一的结论。作者已分析了自然人控股公司董事会的治理特征，并分析了自然人控股公司董事长的治理作用，但其对公司绩效的影响如何尚需进一步的实证分析。

二、变量的选取与模型设计

1. 变量的选取

被解释变量。被解释变量还是采用人们常用的净资产收益率和托宾 Q 值，以这两个指标来衡量公司绩效。其定义及数据算法见第四章。

解释变量。本研究没有选取反映董事长作用的变量，因为自然人控股公司董事长在公司治理中的作用，也不太好量化，但现实已足以说明其具有权威治理的特征。而选取了另外五个解释变量，即董事会规模（DSZE）、董事会中独立董事所占比例（DB）、两职兼任程度（JR）、两职的学历情况（XL）及董事会家族控制度（JZKD）。其中，两职的学历情况是将总经理与董事长两职学历的平均数；JR 和 XL 指标是从不同侧面反映公司的领导结构与能力；JZKD 也可作为信息不完全程度的替代指标。

控制变量。为控制其他公司特征对公司绩效的影响，本章基于数据的易取性选取了两个控制变量：①财务杠杆（DAR），公司负债总额与账面总资产之比，即资产负债率。该指标反映了公司的资本结构及债务的治理作用，由于债务融资相对于权益融资来说具有税

表 5-5 样本公司各变量名称及定义

变量类型	指标类型	变量名称	变量定义
被解释变量	公司业绩	ROE	净资产收益率（%）
		Q	公司价值（托宾 Q 值）
解释变量	董事会特征	DSZE	董事会规模
		DB	独立董事比例
		JR	两职兼任程度
		XL	两职学历状况（平均值）
		JZKD	家族控制度（与董事长密切程度）
控制变量	资本结构与规模	DAR	财务杠杆——资产负债率（%）
		SIZE	企业规模——公司账面总资产的自然对数

收屏蔽作用，因而较高的资产负债率可能带来短期内企业营运成本的降低，从而有利于公司业绩和价值的提高。但是，负债过高导致的财务困境和破产风险，可能会使市场对企业价值的评判大打折扣。因此，由"税盾效应"带来的价值提高与破产风险带来的价值降低，究竟哪一种效应占优，取决于企业利润率和资金成本两者之间的关系。②企业规模（SIZE），以公司账面总资产的自然对数来衡量，用以表示企业的规模效应对公司经营绩效的影响。一般而言，企业规模越大，管理层的行为越难以受到监控，有损企业价值最大化的败德行为就越容易发生。[159]

2. 模型设计

综合考虑董事会特征对公司绩效的影响，作者提出如下模型：

$$ROE = \alpha + \beta_1 DSZE + \beta_2 DB + \beta_3 JR + \beta_4 XL + \beta_5 JZKD + \gamma_1 DAR + \gamma_2 SIZE + \varepsilon \tag{5-5}$$

$$Q = \alpha + \beta_1 DSZE + \beta_2 DB + \beta_3 JR + \beta_4 XL + \beta_5 JZKD + \gamma_1 DAR + \gamma_2 SIZE + \varepsilon \tag{5-6}$$

其中 α 为截距，$\beta_1 \sim \beta_5$、γ_1、γ_2 为回归系数，ε 为随机误差。

三、多元线性回归分析

通过偏相关分析，变量之间并不存在多重共线性问题，可以采用 Enter 多元回归方法进行进一步的分析。Enter 回归分析方法是将所有变量全部纳入，强行进行回归。结果见表 5-6 和表 5-7。

表 5-6　董事会特征与 ROE 的多元线性回归分析

Model	Unstandardized Coefficients		Standardized Coefficients	t	Sig.
	B	Std. Error	Beta		
Constant	17.385	20.775		0.837	0.409
DSZE	−1.042	0.766	−0.207	−1.361	0.182
DB	0.054	0.159	0.05	0.342	0.734
JR	−0.428	0.707	−0.096	−0.605	0.549
XL	4.695	1.3	0.533***	3.612	0.001
JZKD	0.256	0.537	0.08	0.476	0.637

Model	Unstandardized Coefficients		Standardized Coefficients	t	Sig.
	B	Std. Error	Beta		
SIZE	−1.899	1.661	−0.19	−1.143	0.261
DAR	0.259	0.072	0.616***	3.584	0.001

注：*** Correlation is significant at the 0.01 level (2−tailed). **Correlation is significant at the 0.05 level (2−tailed). * Correlation is significant at the 0.10 level (2−tailed).

表 5−7 　董事会特征与 Q 值的多元线性回归分析

Model	Unstandardized Coefficients		Standardized Coefficients	t	Sig.
	B	Std. Error	Beta		
Constant	4.112	1.786		2.303	0.028
DSZE	−0.039	0.066	−0.099	−0.591	0.558
DB	0.003	0.014	0.034	0.212	0.833
JR	0.031	0.061	0.09	0.517	0.609
XL	0.285	0.112	0.412**	2.553	0.015
JZKD	−0.04	0.046	−0.161	−0.877	0.387
SIZE	−0.286	0.143	−0.365*	−2.002	0.053
DAR	0.005	0.006	0.139	0.736	0.467

注：*** Correlation is significant at the 0.01 level (2−tailed). **Correlation is significant at the 0.05 level (2−tailed). * Correlation is significant at the 0.10 level (2−tailed).

四、对回归结果的讨论与推论

1. 关于董事会规模与公司绩效

董事会规模与公司绩效负相关，但并不显著——假设 1 成立。从理论分析可知，董事会规模大有大的好处，小也有小的益处。自然人控股公司的董事会规模绝大多数都在 10 人左右，其最大值为 15 人，最小值为 8 人，平均值为 10 人。从董事会人数上来看差异不太大，况且董事会成员发挥的作用不能简单地用人数多少来衡量，关键是看这些董事的能力及群体决策的质量，这就要求在董事的选聘机制上，应考虑各种资源的整合，进而提高决策质量。所以，笔者认为，自然人控股公司的董事会规模不宜追求数量，而应注重质量。

2. 独立董事比例与公司绩效

独立董事比例与公司绩效正相关，但是并不显著——假设2成立。董事会治理作用的本质在某种程度上也是独立董事作用的本质。只有独立董事才能站在中立的立场上，在大股东、小股东及各利益相关者之间进行较为公正的监护和裁定。董事会的决策是否真正代表公司利益、是否真正科学有效，将主要取决于独立董事所占比例。如果独立董事人少言轻，则董事会的独立决策作用将降低。该结果与本章的理论分析及研究假设相吻合。所以，还应提高自然人控股公司独立董事的比例。

3. 两职兼任程度与公司绩效

两职兼任程度与净资产收益率负相关，与托宾Q值正相关，但都不显著——假设3不成立。两职兼任指标对两种绩效指标影响不一样。董事会主席的功能是主持董事会会议和监督聘用、解雇、评价和补偿CEO的程序。当CEO和董事会主席是同一人时，他具有更多追求自身利益的权力。由于自然人控股公司两职兼任情况比较严重，大股东对董事会及经营层的控制力就更大，董事会的独立性受到影响，进而影响公司绩效，如使净资产收益率下降。但由于中国的自然人控股公司尚处于初创期及发展期，公司规模并不算大，且大股东持股较高，两职兼任并没有对公司绩效构成显著危害，甚至还有利于公司的发展，如与托宾Q值正相关。

4. 两职学历与公司绩效

两职学历与公司绩效显著正相关——假设4成立。这与理论分析一致。在自然人控股公司中，董事长的作用尤其突出，其权威治理的影响力是其他类型企业无法企及的。又因其民营企业、家族企业的特点，其总经理的执行力也是其他类型企业无法相比的。所以，董事长与总经理的学识与能力将对自然人控股公司的发展起到举足轻重的作用，也就是说，董事长与总经理较高的学历有利于公司绩效的提高及企业的长远发展。

5. 家族控制程度与公司绩效

家族控制程度与净资产收益率正相关，而与托宾Q值负相关，但并不显著——假设 5 不成立。由于其特殊的产权关系，家族董事会成员及经营层人员更加努力地为公司也是为自己工作，所以与净资产收益率正相关。但与托宾 Q 值负相关，也说明如此下去将不利于公司的长远发展，也可以认为中国的资本市场可能不是一个完全有效的市场。

6. 推论

上述实证分析表明，自然人控股公司董事会规模的变化、独立董事比例的变化、两职兼任程度的变化，对公司绩效的影响并不大，即董事会的一般治理特征对公司绩效的影响并不显著。那么，自然人控制下的董事会作用的机制是什么，什么在起关键性的作用？

（1）结合图 5-2，得出推论 1：董事长的权威治理、经理的能力是自然人控股公司董事会发挥治理作用的关键因素。两职学历与公司绩效显著正相关的实证结论，也佐证了该推论。

（2）结合董事会制度的研究逻辑图 5-1，得出推论 2：如果董事会的特征与绩效的关系不显著（即图中的方程 5-4），则应是董事会的特征通过董事会的行动（如兼并收购、更换 CEO 等）来影响公司绩效的，其是否显著还有待于今后进一步的实证研究。

（3）推论 3：董事会的一般特征分析，主要是针对董事会的规模、构成等数量上的分析，而现实中，董事会作用的发挥不仅是董事数量上的问题，更重要的是质量上的问题，这也将是今后要研究的问题。

第六章　高管股权激励与自然人
控股公司的治理绩效

　　本章通过简单的模型推导证明一般公众公司的股权激励的作用及最优规模问题；分析自然人控股公司股权激励的特殊性，并进行实证研究。研究表明：自然人控股公司的股权激励作用及曲线方向与一般公众公司存在差异。

第一节　股权激励与经理行为的理论分析

　　委托代理问题的根源是所有权与经营权的分离，那么也只有使所有权与经营权再度重合才能从根本上解决这一问题。本节将通过简单的模型推导，对一般公众公司的股权激励方式与经理行为的关系进行理论上静态的分析，从而证明股权激励的重要作用。

一、经理获得固定报酬时的行为分析

　　首先假定经理每期获得固定工资（Salary）为 S，然后经理选择自己的工作努力水平。为简化起见，我们假定经理没有任何的利他主义动机，经理的一切行为都是为了获得当期收入和未来收入贴现值最大化。[160] 假定经理只有两种工作努力水平，一种是选择高工作努力水平，一种是选择低工作努力水平。假定经理收入的贴现率

为 δ（$0 < δ < 1$），经理选择的工作努力为 e^h 和 e^l，对于经理自己而言工作努力的负效用为 $C(e)$。为简化，假定 $C(e)$ 为线性函数 $C(e) = βe$，其中 β 大于 0，显然 $C(e^h) > C(e^l)$。这样，经理的净效用函数为：

$$U = \frac{(1 - δ^n)}{(1 - δ)} S - C(e) \qquad\qquad (6-1)$$

其中 n 代表经理的预期工作年限。当然，上述效用函数要满足参与约束，即

$$\frac{(1 - δ^n)}{(1 - δ)} S - C(e) \geqslant U_0 \qquad\qquad (6-2)$$

其中 U_0 是经理的保留效用。假设通常情况下，参与约束是自动满足的。

由于 $C(e^h) > C(e^l)$，显然 $\frac{(1 - δ^n)}{(1 - δ)} S - C(e^h) > \frac{(1 - δ^n)}{(1 - δ)} S - C(e^l)$，也就是说，经理工作努力越低，对经理来说，其本人的效用越高。

我们假定市场能够准确地反映公司价值，并且假定股东价值和经理努力水平正相关，即

$$V = V_0 + f(e) \qquad\qquad (6-3)$$

其中 V_0 为股东的初始价值。

显然，$V_0 + f(e^h) > V_0 + f(e^l)$ \qquad\qquad (6-4)

也就是说，经理工作努力越高，对股东来说，其股东的价值越高，公司的价值就越高。

结论 1：在经理报酬固定的情况下，经理总是选择低工作努力水平，也就是说，企业价值没有被最大化。

二、经理获得股票或股票期权收入时的行为分析

假定除了固定工资之外，企业还打算给予经理基于所有权的激励，包括股票激励和股票期权激励，且其股权占总股份的比例为 x，显然，$0 < x < 1$。此时经理的效用函数变成了：

$$U = \frac{(1-\delta^n)}{(1-\delta)} S - C(e) + x \times [V_0 + f(e)] \delta^n \tag{6-5}$$

而其他股东的价值为 $V = [V_0 + f(e)](1-x)$ \hspace{2cm} (6-6)

首先，董事会选择订立该合约必须满足：

$$V = [V_0 + f(e^h)](1-x) \geqslant V_0 + f(e^l) \tag{6-7}$$

由式（6-7）推出 x 必须满足：

$$x \leqslant 1 - \frac{V_0 + f(e^l)}{V_0 + f(e^h)} \tag{6-8}$$

而经理选择高努力水平必须满足：

$$\frac{(1-\delta^n)}{(1-\delta)} S - C(e^h) + x \cdot [V_0 + f(e^h)] \ \delta^n \geqslant \frac{(1-\delta^n)}{(1-\delta)} S - C(e^l) + x \times$$

$$[V_0 + f(e^l)]\delta^n \tag{6-9}$$

由式（6-9）推出 x 必须满足：$x \geqslant \dfrac{C(e^h) - C(e^l)}{[f(e^h) - f(e^l)] \cdot \delta^n}$ \hspace{1cm} (6-10)

当 $1 - \dfrac{V_0 + f(e^l)}{V_0 + f(e^h)} \geqslant \dfrac{C(e^h) - C(e^l)}{[f(e^h) - f(e^l)] \cdot \delta^n}$ 时，最优 x 应该为：

$$x^* = \frac{C(e^h) - C(e^l)}{[f(e^h) - f(e^l)] \cdot \delta^n} \tag{6-11}$$

此时经理选择高努力水平工作，企业价值也最优。

当 $1 - \dfrac{V_0 + f(e^l)}{V_0 + f(e^h)} < \dfrac{C(e^h) - C(e^l)}{[f(e^h) - f(e^l)] \cdot \delta^n}$ 时，董事会将不会给予经理

所有权激励，因为此时不管经理努力水平如何，公司股东权益均下降。

由式（6-11）推导得：

$$\frac{C(e^h) - C(e^l)}{f(e^h) - f(e^l)} = x^* \cdot \delta^n \tag{6-12}$$

从式（6-12）可见，经理的行为（式 6-12 的左侧）与股权激励的比例成正比关系。事实上，对于本例式（6-12）也可表达为：

$$C(e^h) - C(e^l) = x^* \cdot \delta^n \cdot [f(e^h) - f(e^l)] \tag{6-13}$$

如果极端地说，公司是自己的（如一人公司，x = 1），经理会竭尽全力工作，因为经理不努力工作的成本都由自己承担，也就不存在代理问题；如果公司的效益与自己无关（如经理只是固定薪酬，且 x = 0），则理性的经理会选择低努力水平工作，因为高努力

水平工作与低努力水平工作对经理自己并无差异。一般地，公众公司经理的持股在 $0 < x < 1$，如果经理有足够的激励，经理就会高努力水平工作，否则，经理会选择低努力水平工作。如果将式（6-13）左侧 $C(e^h) - C(e^l)$ 简单地理解为代理成本的话，右侧则表示股权激励及其所导致的股东价值的增加恰好弥补了这个代理成本。

结论2：在满足一定的条件下，以股权激励为基础的经理报酬可以在某种程度上解决或减轻代理问题。

第二节　股权激励与公司价值的理论分析

本节将侧重从动态上分析一般公众公司经理层持股比例的变化与激励效应和公司价值变化的关系。本节分析借鉴了司徒大年的理论模型。[161]

一、经理层股权激励的积极效应

经理层持股上升对企业价值有着积极和消极的效应。就积极效应而言，包括以下两个方面。一是利益趋同效应。经理层通过股票或期权分享（分担）一部分企业市值的变动的收益（风险），这部分市值变动可以激励经理层努力工作，做出更优的投资决策，约束经理层不当使用企业资源所得到的额外私人收益，增加企业价值，促进了经理层与股东尤其是中小股东的利益协同。因此，在利益趋同效应下，经理层持股比例越大，企业价值也越大。二是利益制衡效应。经理层持股比例上升，可以促进股权结构多元化，改善"一股独大"的局面，形成多元化持股主体，使大股东的控制力削弱。股权上的制衡可以形成经理层股东与控股大股东的利益上的制衡。防止在"一股独大"的情况下，侵害中小股东利益的情况发生。但是，当经理层持股比例超过一定限度，经理层成为实际控股股东，股权和利益均衡打破，经理层可能会攫取更多私人利益，企业实际价值下降。

二、经理层股权激励的消极效应

经理层股权比例上升，也有两方面的消极效应。一是壁垒效应。随着经理层持有的股份越多，对公司的控制也就越强，可能代替原来的大股东，形成新的"一股独大"，其他的股东的监督作用下降，经理层从公司攫取利益更方便。同时，如果经理层没有付出实际资金购买公司股份而是通过抵押股票获得贷款从而购买公司股份时，他们的经营风险会加大，公司实际价值会降低。二是资本成本效应。公司经理层股权激励的一个重要原因是，让公司经理层通过持有本公司大量股票，将其财富与本公司特有的风险捆绑在一起，从而强化了对经理层的激励和约束。但另一方面，对风险厌恶的公司经理而言，大量财富放在公司之中，不能进行资产分散化，要以额外的风险补偿，对其而言，获得的股票的价值要低于股票对公司的成本，二者之差是公司进行股权薪酬激励的净损失。换言之，对实行股权激励的公司而言，这是对公司经理层不能资产分散化所支付的额外补偿。因此，公司给予公司经理层的股权薪酬越多，这个补偿就越大，公司的实际股权激励成本也就越大，这样公司的实际价值也越小。

三、经理层股权激励的经济效应分析

对于上述股权比例和企业价值的关系，可用下面简单的公式和图形来说明。假定企业价值为 V，是经理层持股比例（R）的函数。再假定因股权激励趋同效应导致的企业价值变动为 $V_1(R)$，因利益制衡效应导致的企业价值变动为 $V_2(R)$，因壁垒效应导致的企业价值变动为 $V_3(R)$，因资本成本效应导致的企业价值变动为 $V_4(R)$。

其中：

(1) $\dfrac{\partial V_1(R)}{\partial R} > 0$ $\dfrac{\partial^2 V_1(R)}{\partial R} < 0$ (6-14)

式（6-14）表明随着经理层持有的股份越多，受到的激励越强，公司实际价值会提高，表现为 $V_1(R)$ 的一阶导数大于零；但是经理层购买公司股份持续增加导致每股边际激励效应减小，公司价值增长速度减缓，表现为 $V_1(R)$ 的二阶导数小于零。

(2) $\dfrac{\partial V_2(R)}{\partial R} > 0$ $(0 < R < a)$, $\dfrac{\partial V_2(R)}{\partial R} < 0$ $(a < R < 1)$,   (6-15)

$\dfrac{\partial^2 V_2(R)}{\partial^2 R} > 0$ $(0 < R < b)$, $\dfrac{\partial^2 V_2(R)}{\partial^2 R} > 0$ $(b < R < 1)$

式（6-15）表明经理层持有的股票越多，股权越分散，经理层股东与大股东（国有股、自然人股东或其他大股东）的股权和利益制衡越强，越能约束大股东对中小股东利益的侵害，企业价值越高；但当经理层比例超过一定限度（a）时，经理层形成新的"一股独大"，股权和利益制衡局面被打破，经理层可能攫取公司和中小股东利益，公司价值下降。这样的关系表现为 R 在 (0, a) 这个区间内时，$V_2(R)$ 一阶导数大于零；R 在 (a, 1) 这个区间内时，$V_2(R)$ 一阶导数小于零。$V_2(R)$ 的二阶导数大于零，表示公司的价值随着 R 的上升加速增加或递减。

(3) $\dfrac{\partial V_3(R)}{\partial R} < 0$ $\dfrac{\partial^2 V_3(R)}{\partial R} < 0$ (6-16)

式（6-16）表明经理层持股比例越大，控制权越大，侵害股东的权益可能性越大。

(4) $\dfrac{\partial V_4(R)}{\partial R} < 0$ $\dfrac{\partial^2 V_4(R)}{\partial R} < 0$ (6-17)

式（6-17）表明经理层持股比例越大，公司股权激励的（净损失）成本越大，企业实际价值越低。

经理层持股对企业价值的不同影响，可见图 6-1。在实际中，以上四种效应是交织在一起的，企业价值 V(R) 是在协同效应、利益制衡效应、壁垒效应和资本成本效应共同作用下的结果。具体地，管理层持股比例与企业价值的关系如图 6-2 所示，呈现一个

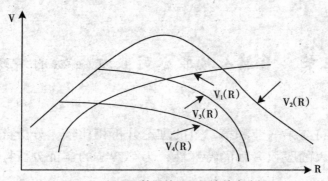

图 6-1　经理层持股的不同经济效应分析

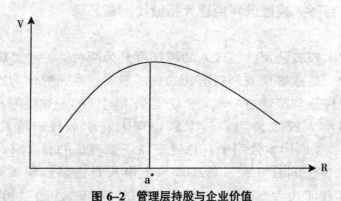

图 6-2　管理层持股与企业价值

倒转的"U"型关系。

　　从图 6-2 可以看出，经理层持股和企业价值不是简单的线性关系，经理层持股比例似乎存在一个最佳规模，股权激励存在一个"最优点"（a^*），在这一点上，股权激励效应最大，企业的价值最大。

　　其实，最佳的经理层持股比例与公司治理状况、公司规模、行业的特征、公司本身股权结构等因素有关，尤其是与公司的类型关系甚大，但这种简化的模型分析为本研究提供了研究问题的切入点。

第三节 自然人控股公司股权激励的特殊性

本节将与第一节和第二节的理论分析相比较，分析自然人控股公司经理人的股权激励的特殊性，为第四节的实证分析打下基础。

一、自然人控股公司经理人持股比例高

自然人控股公司的经理人的聘任可分为两种。一种是聘任家族成员，主要是董事长或副董事长的直系亲属，本研究称为家族经理人。另一种是直接通过经理人市场等渠道聘任的职业经理人。

在自然人控股公司中，家族经理人两职兼任程度高（见表5-2）。在42家样本公司中，总经理兼任董事长的有8家，总经理兼任副董事长的有8家，总经理与董事长是直系亲属关系的有6家，三者合计共为22家，占样本总数的52.38%。通过相关分析，会发现两职兼任与总经理持股显著正相关，其相关系数为0.671。因此，家族经理人的持股比例随着董事长或副董事长持股比例的增加而增加，均值为16.06%。此时，所有权与经营权又再度部分重合，家族经理人的股权不再是委托代理理论所分析的激励作用，经理人的持股比例与经理行为、公司价值的关系将不同于第六章第一节和第六章第二节的理论分析。无论家族经理人持股比例是高还是低，可能都不会影响经理人的工作努力程度，因为他们不仅是为自己，也是为家族而努力工作。也可以认为，公司价值与经理人股权激励并无太大的关系。

在自然人控股公司中，聘用职业经理人的有20家，基本都不是家族企业。已实行股权激励的有14家，持股比例最大值为21.1%，最小值为0.23%。综合上述分析，自然人控股公司的经理人持股比例较高。2004~2006年经理人持股的平均值达到10.75%，

即使职业经理人的 20 家，其均值也达到了 4.9%。刘剑的研究显示，2003 年我国上市公司管理层持股平均水平仅为 0.04%，其最高水平也仅为 0.56%，而且近几年增幅并不大。[162] 可见，自然人控股公司经理人持股比例远远大于我国上市公司的平均水平，当然，这也是由其特殊的所有制性质及产权特征所决定的。

二、自然人控股公司股权激励积极效应的变化

关于利益趋同效应的变化。对于一般公众公司而言，经理持股可以很好地解决委托人与代理人之间利益不一致的矛盾，降低代理成本，使股东与经理人之间的收益与风险共担，激励经理层努力工作，增加企业价值。在利益趋同效应下，经理层持股比例与企业价值正相关。此时，股权所起的作用主要是激励作用。但在自然人控股公司中，家族经理人的持股作用与一般公众公司的股权激励作用不同，上述分析已表明，家族经理人的持股比例与企业价值可能关系不大。其股权激励的趋同效应未必明显。

关于利益制衡效应的变化。对一般的公众公司而言，经理层持股比例上升，可以形成经理层与控股大股东的利益制衡，有利于公司价值的提高。但对于自然人控股公司而言，经理人的持股比例与控股大股东密切相关，理论上分析的利益制衡效应将要失效。

三、自然人控股公司股权激励消极效应的变化

关于壁垒效应的变化。由于自然人控股公司两职兼任程度高，经理人持股比例高，最终形成新的"一股独大"的局面，按照委托—代理理论分析，经理层从公司攫取利益更方便，但在自然人大股东控制下的经理人，这种行为不易发生。因为如果是家族经理人，家族占有居多的股份，经理人没必要这样做；如果是职业经理人，在自然人大股东的控制下攫取个人利益的行为将收敛很多。所以，同一般公众公司相比，自然人控股公司的股权激励的壁垒效应

将要减弱。

关于资本成本效应的变化。对于一般公众公司而言，公司给予公司经理层的股权薪酬越多，公司的实际股权激励成本也就越大，这样公司的实际价值也越小。对于自然人控股公司而言，由于经理人持股比例高，确实存在资本成本效应问题，而且还会产生一些新的问题，如 CEO 对短期股票价格的关注可能更甚于对公司价值创造的关注、过度报酬、股东难以准确了解这一报酬的真实价值等。

综上所述，自然人控股公司经理人的股权激励比例大大高于国有企业和一般的公众公司，但股权激励所发挥的效应却不尽相同。因此，自然人控股公司经理人股权激励是否存在最佳规模问题，与公司价值是否还是倒 U 型曲线关系，这是一个实证的问题。

第四节　自然人控股公司高管股权激励与公司绩效的实证研究

本节通过实证方法，研究了自然人控股公司高管股权激励对公司绩效的影响，得出了与众不同的结论。实证表明，自然人控股公司高管的股权激励作用并不显著，而经理人持股与公司绩效呈较缓的 U 型曲线关系。

一、研究假设的提出

Jensen 和 Meckling 认为，管理者持股有助于使管理者和外部股东的利益相一致，减少管理者在职消费、剥夺股东财富和进行其他非价值最大化行为的动机。管理者持股的增加减少了由所有权和控制权分离所引起的代理成本，进而提高公司绩效。[163] 莫克等（Morck，Shleifer and Vishny）1988 年的研究显示，用托宾 Q 值衡量的公司绩效与董事会成员股权拥有的数量正相关，这表明董事股权拥有的激励作用。Kerr 和 Kren 于 1997 年发现董事持股比例越高，公司业绩越好。Hanson 和 Song2000 年研究认为公司董事持股是有效的公司内部治理机制。另一方面，Himmelber，Hubbard 和 Parin 的研究发现，公司董事的持股与公司业绩之间没有关系。

国内学者魏刚对我国上市公司高级管理层激励与经营绩效的关系作了实证研究，结果发现高级管理人员报酬水平与公司规模正相关，与经营业绩之间不存在显著的正相关关系。[164] 向朝进根据 2001 年 4 月中国证券监督管理委员会发布的数据，抽取了 110 个样本研究发现：中国的上市公司高管人员持股比例相当低且与公司股份集中程度和未流通股份比例都呈现负相关关系。[165] 李维安在对国内外经理层治理评价研究进行述评的基础上，构建了中国公司经理层治理评价系统。并对中国上市公司经理层的治理状况进行了指数化评价。评价结果显示，经理层治理状况总体偏低。通过对经理层治理评价指数与公司绩效关系的实证分析发现，经理层治理水平的提高，有利于改善企业的绩效。[166] 刘剑等以在深圳证券交易所上市的 331 家公司为研究对象（1998 年前上市，2000~2003 年 4 年的年报数据），对上市公司管理层持股与经营绩效的相关性进行了实证检验，实证结果表明公司绩效与管理层持股之间存在三次曲线关系：管理层持股在 0~0.1376% 时，公司绩效随管理层持股比例的增加而下降；管理层持股在 0.1376%~0.7462% 时，公司绩效随管理层持股比例的增加而上升；管理层持股超过 0.7462% 时，公司绩效再次随着管理层持股比例的增加而下降。[162] 刘剑研究中的管理层包括上市公司年报中公布的所有高级管理人员，其持股比例很低，这说明在 1998 年前上市的公司大都是国有大中型企业，而且 2000~2003 年我国的股权激励还处于"低持股"状态。

而自然人控股公司则与国有大中型企业截然不同。高管持股不仅普遍甚至就是前十大股东，他们既是所有者又是决策者。在 42 家自然人控股公司中，董事长是公司的实际"控制人"，而且大都是公司的第一大股东。可见第一大股东持股等同于董事长持股。再加上担任高管的亲属及朋友持股，前十大股东中高管的持股比例就相当高了。根据前面的分析可知，如果持股太少，股权激励不起作用，但持股太多甚至达到控股的程度应该也不利于公司绩效的提高，应有一个合理的区域。因此，笔者提出假设1：

假设1：前十大股东中高管人员持股比例总和与公司绩效具有显著的倒U型曲线关系。

关于经理层持股与绩效的实证研究非常多（在第二章第四节综述中已有陈述），但实证结果往往并不一致，甚至是相互之间存在冲突。如Finkelstein和Boyd于1998年发现权益回报率（ROE）同现金补偿和长期薪酬之间的相关系数分别是0.13和0.03；Johnson在1982的研究发现其相关系数为0.003。Belliveau，O'Reilly和Wade于1996年则发现ROE-CEO薪酬相关系数为0.410。1998年以后的研究则显示，高管薪酬与公司绩效之间的正相关关系是存在的，而且有增强的趋势。比如Hall于1998年对美国上市公司15年时间的CEO薪酬面板数据的研究发现CEO薪酬和公司绩效之间有很强的关系。该研究发现，这种关系加强的原因在很大程度上是由于1980年以后管理层持有的股票和期权的数量的增加。根据泰国等东南亚发展中国家公司的调查研究，当职业经理人的持股比例在25%以下的时候，经理人持股越多业绩越好；当经理人持股比例高于25%、低于75%时，董事会已失去了处罚经理人的权力，所以，不利于公司业绩的提高；当经理人持股超过75%，实际上是经理的经营权和所有权又重新合二为一了。产生这种研究结果差异的原因有很多：不同的治理模式（如美国、日本、东南亚）、不同的数据来源、不同的统计技术、不同的样本和不同的控制变量等。[167]所以，不能简单照搬别国的实证结果来指导中国的实践。

在中国近几年也有很多类似的研究，如李增泉利用我国上市公司1998年年度报告数据进行了回归分析，结果发现我国上市公司经理人员的年度报酬与企业绩效不相关，高级管理人员持股比例偏低，也不能发挥其应有的激励作用。而施东晖以1998年年度报告中披露总经理年薪的639家上市公司为样本同公司绩效（以净资产收益率衡量）之间进行了相关分析，他同魏刚和李增泉得出了不同的结论。其结果显示，总经理薪酬同公司绩效之间存在正相关关系，而总经理持股量同公司绩效之间没有显著关系。以上中国各位专家学者所进行的研究，都是依据 2000 年以前上市的公司数据，那个时代的上市公司大部分都是国有企业，且几乎没有或很少实行股权激励，其股权激励的作用当然不明显。而自然人控股公司对经理人的股权激励相对于国有企业而言大有提高，并且有的持股比例较大。结合本章的理论分析，笔者提出假设 2：

假设 2：总经理持股比例与公司绩效呈倒 U 型曲线关系。

二、变量的选取与定义

1. 被解释变量

与前几章一样，被解释变量有 2 个，分别是净资产收益率和托宾 Q 值，以这两个指标来衡量公司绩效。

2. 解释变量

解释变量有 2 个，分别是 G 和 ZJG。G 表示前十大股东中高管人员持股比例，其包括董事会成员、监事会成员、董事会秘书、总经理、副总经理、财务总监、总工程师、技术总监等上市公司年报中公布的所有高级管理人员。由于自然人控股公司都是民营企业，且高管持股比例较高，选择前十大股东中高管持股进行研究更具有针对性。ZJG 表示上市公司中总经理的持股比例。公司的总经理（CEO）是从事经营活动的"关键人"，对此进行研究更有意义。

三、变量的描述性统计

表 6-1 是变量的总体描述性统计，表 6-2 是变量的分区间描述性统计。从描述性统计来看，自然人控股公司中的高管持股比例高得惊人。仅统计了前十大股东中的高管持股比例，其均值达到了 42.62%，总经理持股均值为 10.75%，总经理持股中包含总经理与董事长两职兼任的情况，如果仅统计两职完全不兼任的 20 家，其

表6-1　变量的总体描述性统计结果

变　量	被解释变量		解释变量	
统计指标	ROE	Q	G	ZJG
均　值	12.77	1.59	42.62	10.75
最大值	25.05	3.03	69.92	49.66
最小值	-5.52	0.86	18.96	0.00
标准差	6.98	0.55	13.25	11.69

资料来源：作者根据2004~2006年年报数据整理。

表6-2　解释变量与业绩分区间描述性统计表

变量及数值		高管持股G（%）			总经理持股ZJG（%）			
		≤30	30~50	≥50	0	0~10	10~20	≥20
样本情况	家　数	9	20	13	7	17	11	7
	比　重	21.43	47.62	30.95	16.67	40.48	26.19	16.67
净资产收益率ROE（%）	平均值	11.72	13.58	12.25	15.18	12.77	9.65	15.27
	最大值	20.04	25.05	24.00	25.05	21.24	18.57	24.00
	最小值	-0.45	3.06	-5.52	-0.45	6.03	-2.73	-5.52
	标准差	5.84	5.75	9.43	8.29	4.80	6.58	9.92
托宾Q值	平均值	1.68	1.51	1.66	1.47	1.61	1.53	1.77
	最大值	3.00	2.63	3.03	2.15	3.00	2.58	3.03
	最小值	0.98	1.00	0.86	0.98	1.00	1.17	0.86
	标准差	0.79	0.42	0.55	0.46	0.61	0.40	0.71

资料来源：作者根据2004~2006年年报数据整理。

总经理持股比例为4.9%，其最大值为21.10%。这种情况在国有大中型上市公司是不可能出现的，这也是自然人控股公司的突出特点。所以，自然人控股公司与国有企业的治理特征是有所不同的，其股权激励的作用及机制也将不同。

四、相关性分析

用SPSS13.0软件进行系列的相关分析及回归分析。相关分析结果见表6-3。

根据表6-3的相关性检验结果，可以初步得到以下结论：

表 6-3　相关性检验结果

		ROE	Q	G	ZJG
ROE	Pearson Correlation				
	Sig. (2-tailed)				
Q	Pearson Correlation	0.643***			
	Sig. (2-tailed)	0.000			
G	Pearson Correlation	−0.078	−0.018		
	Sig. (2-tailed)	0.623	0.909		
ZJG	Pearson Correlation	0.167	0.281*	0.405***	
	Sig. (2-tailed)	0.291	0.071	0.008	

注：*** Correlation is significant at the 0.01 level (2-tailed). **Correlation is significant at the 0.05 level (2-tailed). * Correlation is significant at the 0.10 level (2-tailed).

（1）前十大股东中高管持股比例与净资产收益率和托宾 Q 值负相关，但并不显著。

（2）总经理持股比例与净资产收益率和托宾 Q 值正相关，在10%水平下显著。

（3）总经理持股比例与前十大股东高管持股比例显著正相关。

五、回归分析

本节所采用的回归分析方法及筛选原则同第四章。回归结果分别见表 6-4 至表 6-7。

表 6-4　净资产收益率（ROE）关于前十大股东高管持股（G）的回归

Equation	Model Summary			Parameter Estimates			
	R Square	F	Sig.	Constant	b_1	b_2	b_3
Linear	0.006	0.246	0.623	14.525	−0.041		
Logarithmic	0.001	0.043	0.838	15.331	−0.692		
Inverse	0.000	0.004	0.951	12.965	−7.436		
Quadratic	0.072	1.523	0.231	−1.729	0.766	−0.009	
Cubic	0.077	1.054	0.380	10.487	−0.200	0.014	0.000

注：The independent variable is G.

*** Correlation is significant at the 0.01 level (2-tailed). **Correlation is significant at the 0.05 level (2-tailed).

表6-5　净资产收益率（ROE）关于总经理持股（ZJG）的回归

Equation	Model Summary			Parameter Estimates			
	R Square	F	Sig.	Constant	b_1	b_2	b_3
Linear	0.028	1.145	0.291	11.701	0.100		
Logarithmic	.	.	.				
Inverse	.	.	.				
Quadratic	0.172	4.049	0.025**	14.102	−0.452	0.014	
Cubic	0.194	3.052	0.040**	14.904	−0.893	0.045	0.000

注：The independent variable is ZJG.

*** Correlation is significant at the 0.01 level（2-tailed）. **Correlation is significant at the 0.05 level（2-tailed）.

表6-6　托宾（Q）关于前十大股东高管持股（G）的回归

Equation	Model Summary			Parameter Estimates			
	R Square	F	Sig.	Constant	b_1	b_2	b_3
Linear	0.000	0.013	0.909	1.625	−0.001		
Logarithmic	0.002	0.094	0.760	1.892	−0.081		
Inverse	0.005	0.204	0.654	1.483	4.222		
Quadratic	0.037	0.750	0.479	2.575	−0.048	0.001	
Cubic	0.044	0.578	0.633	1.401	0.045	−0.002	1.70E−005

注：The independent variable is G.

*** Correlation is significant at the 0.01 level（2-tailed）. **Correlation is significant at the 0.05 level（2-tailed）.

表6-7　托宾（Q）关于总经理持股（ZJG）的回归

Equation	Model Summary			Parameter Estimates			
	R Square	F	Sig.	Constant	b_1	b_2	b_3
Linear	0.079	3.441	0.071	1.451	0.013		
Logarithmic	.	.	.		.		
Inverse	.	.	.		.		
Quadratic	0.163	3.804	0.031**	1.595	−0.020	0.001	
Cubic	0.173	2.647	0.063	1.554	0.003	−0.001	2.44E−005

注：The independent variable is ZJG.

*** Correlation is significant at the 0.01 level（2-tailed）. **Correlation is significant at the 0.05 level（2-tailed）.

　　在表6-4和表6-6中，没有满足筛选原则的回归方程。在表6-5中有两个备选方程符合筛选原则（显著性水平为0.05，且拟合优度较好），综合比较，确定回归方程为 Quadratic，即：

$$ROE = 14.102 - 0.452ZJG + 0.014ZJG^2 + \varepsilon \qquad (6-18)$$

在表 6-7 中只有一个备选方程符合筛选原则（显著性水平为 0.05，且拟合优度较好）。其回归方程为 Quadratic，即：

$$Q = 1.595 - 0.020\ ZJG + 0.001\ ZJG^2 + \varepsilon \qquad (6-19)$$

对方程式 6-18 和方程式 6-19 求一阶导数并令其等于零，即可求出二次曲线的最小值点分别为 16％ 和 10％，即当自然人控股公司总经理的持股比例（ZJG）大于 16% 时，与净资产收益率是单调递增的；当 ZJG 大于 10% 时与托宾 Q 值也是单调递增的。这说明总经理持股达到一定的比例时才真正有利于公司绩效的提高和企业的长远发展。其拟合图见图 6-3 和图 6-4。

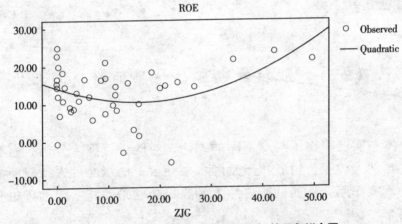

图 6-3　ROE 关于总经理持股（ZJG）的回归拟合图

通过上述的回归分析，得出如下结果：

（1）前十大股东中的高管持股比例（G）与净资产收益率（ROE）和托宾 Q 值都不具有显著的相关关系，故假设 1 不成立。

（2）总经理持股（ZJG）与净资产收益率（ROE）和托宾 Q 值都具有显著的二次曲线关系，而且是 U 型曲线关系，故原假设 2 不成立。理论上分析的一般公众公司最佳规模问题并不存在，自然人控股公司的总经理持股比例对公司绩效影响的方向与理论上分析

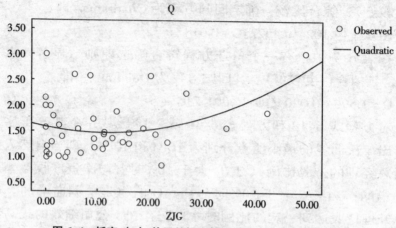

图 6-4 托宾（Q）关于总经理持股（ZJG）的回归拟合图

的完全相反。

第五节 对股权激励实证结果的讨论与推论

本章实证得出了与众不同的结论，对此进行深入分析，有利于还原自然人控股公司股权激励的本来面目，揭示经理人持股所能发挥的真实作用，从而证明自然人的股权激励是委托—代理理论分析的一个特例。

一、关于 U 型曲线关系的讨论

经理人持股比例与公司绩效指标——净资产收益率和托宾 Q 都具有显著的较缓 U 型曲线关系。与第六章第二节的理论分析的曲线方向相悖，与刘剑、魏刚、李增泉等学者的研究结论也不同，却如第六章第三节所分析的那样，自然人控股公司股权激励所发挥的效应，不同于一般的公众公司。

从理论上来看，基于两权分离的委托—代理理论所提出的股权激励作用适用于股权分散的公众公司，但并不适用于两权重合度高的自然人控股公司，第六章第二节理论上所分析的一般公众公司股权激励的效应，在自然人控股公司中都如同第六章第三节所述的那样相继发生了系列的变化。这些效应的综合作用，最终导致了如此不同的结论。

从现实来看，自然人控股公司经理人尤其是家族经理人持股比例高，因其特殊的所有制性质及所有权特征，经理人持股的多少不会对经理的行为构成较大的影响，进而也不会对公司绩效起决定性作用。而实证得出了"经理人持股比例大于10%时与净资产收益率显著正相关，大于16%时与托宾Q显著正相关"的结论，作者认为，托宾Q值的增大并不能简单地理解为股权激励的作用，还应有其他因素在起作用，如产权因素、经理人的能力、董事长的能力与权威等。

从图形及数据分段来看，因股权激励效果与股票市场有关，现以总经理持股（ZJG）与托宾Q的关系（见图6-4）为例来进行分析。10%是Q的最小值点，在 [0~10%] 区间（简称为A区间），即图6-4左侧的拟合曲线，托宾Q随着ZJG值的增加而缓慢下降；而 [10%~49.66%] 区间（简称为B区间），托宾Q随着ZJG值的增加而增加。根据自然人控股公司两职兼任的分布情况，从A区间的始点ZJG=0到B区间的终点ZJG=49.66%，也反映出两职从完全不兼任到完全兼任的情况，而处于两个极端点中的位置则体现出由低到高的兼任程度。

A区间的始点ZJG=0，经理人的股权为0，但并不等于经理人不起作用，因为除了股权激励还有其他的激励方式如年薪制、荣誉感、家族利益等。另外，托宾Q还与董事长的作用、家族的作用等因素有关。

在A区间（0~10%）内，经理人持股比例较少，经理的股权激励作用较小，但此时，经理人的利益制衡作用较小，资本成本效应也较小，再加上其他因素的作用，最终导致托宾Q值缓慢下降，但观察图形可知，在区间 A 内，Q 值的变化并不大，甚至可以忽略不计。

在区间 B 内，随着经理人持股比例的增加，经理的股权激励作用增大，经理人的利益制衡作用也将增大，伴随着两职兼任程度的提高，董事长等其他因素都将起作用。因此，表现出股权激励与托宾 Q 显著正相关。

实证结果没有得到经理人持股比例的最优解，但却证明了自然人控股公司的股权激励只有在达到一定比例时才与公司绩效正相关。这一结论与众多学者的实证结论相吻合。

二、关于自然人控股公司股权激励的推论

推论 1：自然人控股公司股权激励作用并不同于一般的公众公司，其中交织着诸多的因素，如所有权、家族的利益、家族的荣誉、董事长的权威等，所以，不能只从表面妄下结论。

推论 2：基于委托—代理的股权激励作用主要是解决委托人（股东）与代理人（经理人）之间利益不一致的问题，依据委托—代理理论的分析，给予经理人一定比例的股份，有利于公司绩效的提高和企业的长远发展。但自然人控股公司经理人的持股并不是委托—代理理论所述及的单纯的用于激励，应该还有其他更重要的作用，如权力的需要、权威的需要、所有权控制的需要等。所以，本章实证结论说明了自然人控股公司股权激励的特殊性和复杂性，也证明了自然人控股公司的股权激励是基于委托—代理的激励理论的一个特例。

第七章　自然人控股公司综合治理特征与绩效的实证研究

前面几章都是从其中的每一个侧面进行研究，这是局部研究的方法。本章将采用整体研究的方法，即对自然人控股公司的治理特征与绩效进行综合分析，其最终目的是将局部分析与整体分析相结合，以期得出更加科学、合理的结论，为我国的公司治理提供实际参考。

第一节　问题的提出

自然人控股公司其产权关系明晰（相对国有企业而言），实际控制人从幕后走上前台，董事长或其亲属控制着公司一定比例的股份，其具有股权集中度高、股权制衡度低、高管持股比例高、两职兼任程度高等特点。第四章、第五章、第六章分别对大股东控制、董事会治理特征、高管股权激励对公司绩效的影响进行了单独的分析，得出了一些结论。但这都只是从局部来研究它们之间的关系，现实情况往往是公司绩效与很多因素有关，且这些因素之间相互联系、相互作用，进而对公司绩效起到综合的影响。这种综合影响与前面局部分析的结论也许一致，也许互相矛盾。那么，自然人控股公司的治理特征与绩效具有怎样的综合关系？每一个变量在公司绩效中起到什么作用？其作用的重要程度如何？本章在考虑这些众多因素的基础上，将进行综合分析，以使研究结果更具科学性和合理性，以期对我国自然人控股公司的治理提供实际参考。

第二节　变量的确定及定义

一、被解释变量

本章的被解释变量仍确定为净资产收益率（ROE）、托宾 Q 值。其计算方法及定义如前。

二、解释变量

根据前面几章的分析，更加明确了自然人控股公司治理特征的相应重要变量。因而，本章的解释变量共有 9 个，分别是 YD、QW、ZD、JR、XL、JZKD、G、ZJG、JJ。

三、控制变量

除了上述因素外，其他一些因素也可能影响到公司绩效，如行业因素、资本结构、企业规模等。为控制其他公司特征对公司绩效的影响，本章选取了与第五章同样的控制变量：资产负债率（DAR）和企业规模（SIZE）。

各变量定义见表 7-1。

本章引入了一个外部治理变量——机构投资者持股比例（JJ）指标，体现的是机构投资者参与治理的情况。20 世纪 80 年代，美国机构投资者作为股东利益强有力的代表开始参与公司治理，这改

表 7-1　样本公司各变量名称及定义

变量类型	指标类型		变量名称	变量定义
被解释变量	公司业绩		ROE	净资产收益率（%）
			Q	公司价值（托宾 Q 值）
解释变量	内部治理机制	大股东的股权控制	YD	第一大股东持股占总股份的比例（%）
			QW	前五大股东持股占总股份的比例（%）
			ZD	第二至第五大股东持股之和与第一大股东的比值
		董事会治理结构	JR	两职兼任状况
			XL	两职学历状况（平均值）
			JZKD	家族控制度（与董事长密切程度）
		高管股权激励	G	前十大股东中高管人员持股比例总和（%）
			ZJG	总经理持股比例（%）
	外部治理机制		JJ	前十大股东中机构投资者持股比例（%）
控制变量	资本结构与规模		DAR	财务杠杆——资产负债率（%）
			SIZE	公司规模——公司账面总资产的自然对数

资料来源：作者整理。

变了其与管理者作用的局面。在以往的研究中有人认为机构持股规模与公司的绩效存在明显的相关关系，如程书强 2006 年的研究表明，机构持股参与公司治理能够改善公司治理结构，使上市公司的经营更加规范、有效。[168] 但是也有人认为，并不是所有的机构投资者都是积极参与监督治理的，机构投资者仅是持股而已，仅作出参与者的姿态对公司的绩效没有意义。还有人认为，机构投资者不可能具有被投资公司管理者在实业方面的经验和能力，机构投资者参与治理所介入的不是具体的决策内容，而是公司内部运作机制及公司战略决策机制。但是笔者认为，与个人相比，机构投资者既有激励又有能力来监督和控制公司高层经理人员的行为。而且就算持股是为了赚取股市中的差价，机构投资者在选取股票时，也是选取公司治理水平及业绩较好的上市公司，所以，对其进行研究具有实际意义。其实，外部治理机制中还包括利益相关者（债权人、雇员、交易商等）、证券市场与控制权配置等，但不作为本书的研究内容。

第三节　相关性分析

本研究使用 SPSS 13.0 软件进行系列分析。控制 DAR、SIZE 两个变量影响后的偏相关关系如表 7-2 所示。

表 7-2　偏相关关系矩阵

	ROE	Q	YD	QW	ZD	JR	XL	JZKD	G	ZJG	JJ
ROE	1.000	0.705***	0.177	0.132	−0.107	−0.123	0.493***	0.008	−0.031	0.188	0.380**
Sig.	.	0.000	0.273	0.417	0.512	0.448	0.001	0.962	0.848	0.245	0.016
Q		1.000	0.161	0.169	−0.052	−0.054	0.408***	−0.169	−0.028	0.196	0.545***
Sig.		.	0.321	0.298	0.750	0.739	0.009	0.297	0.863	0.226	0.000
YD			1.000	0.597***	−0.845***	0.137	−0.026	0.101	0.400**	0.214	0.235
Sig.			.	0.000	0.000	0.398	0.875	0.535	0.011	0.185	0.145
QW				1.000	−0.248	0.136	0.046	−0.101	0.420***	0.249	0.301*
Sig.				.	0.123	0.401	0.779	0.536	0.007	0.121	0.059
ZD					1.000	−0.031	0.035	−0.022	−0.175	−0.008	−0.177
Sig.					.	0.849	0.831	0.891	0.280	0.963	0.274
JR						1.000	−0.227	0.491***	0.110	0.697***	0.064
Sig.						.	0.160	0.001	0.501	0.000	0.695
XL							1.000	−0.229	0.035	−0.032	−0.030
Sig.							.	0.156	0.828	0.846	0.856
JZKD								1.000	0.225	0.360**	−0.167
Sig.								.	0.163	0.022	0.302
G									1.000	0.447***	0.093
Sig.									.	0.004	0.569
ZJG										1.000	0.193
Sig.										.	0.232
JJ											1.000
Sig.											.

注：*** Correlation is significant at the 0.01 level（2–tailed）. * *Correlation is significant at the 0.05 level（2–tailed）. *Correlation is significant at the 0.10 level（2–tailed）.

从表 7-2 可以看出:

(1)两个被解释变量之间具有显著正相关关系。这说明这两个指标能从不同角度很好地反映出公司的业绩。

(2)两个被解释变量(ROE 和 Q 值)与两职学历(XL)、基金持股比例(JJ)显著正相关。

(3)第一大股东持股比例(YD)与前五大股东(QW)显著正相关,与股权制衡度(ZD)显著负相关,与前十大股东中高管持股比例(G)显著正相关。

(4)前五大股东持股比例(QW)与前十大股东中高管持股比例(G)显著正相关。

(5)两职兼任程度(JR)与家族控制程度(JZKD)、总经理持股(ZJG)显著正相关。

(6)家族控制程度(JZKD)与总经理持股(ZJG)显著正相关。

(7)前十大股东中高管持股比例(G)与总经理持股(ZJG)显著正相关。

第四节 多元回归分析

相关性分析只是孤立讨论了两两变量间的相关关系。而公司业绩是受多种因素共同影响的结果,它应是一个多元函数。

一、模型的建立

通过散点图分析可知,这些因素之间存在线性相关关系。因此,可采用多元线性回归的方法进行进一步的研究。在实际分析中,不同的自变量对因变量的影响因素是不一致的,一些是主要的影响因素,另一些可能是无关紧要的。采用一般回归分析方法将所有的因素包括在内会降低模型的精度。本研究采用逐步回归法

（Backward，又称向后筛选法）能很好地解决这一问题，它是将对因变量影响较大的因子通过显著性检验逐个选入回归方程，并同时剔除那些不重要或描述不恰当的因子，最终留在回归模型的是对因变量具有明显的解释作用的关键性因素。采用 F 统计量的相伴概率作为变量选入模型或从模型剔除的依据，本研究设定的选入标准为 0.05，剔除的标准为 0.1。用 Dubin–Waston 检验随机误差项的序列相关性，用 VIF（方差膨胀因子）检验因变量的多重共线性，并用回归残差直方图观察其正态性，用 Spearman 相关性分析检验异方差性。估计的多元线性回归模型为：

$$ROE = a + b_1 YD + b_2 QW + b_3 ZD + b_4 JR + b_5 XL + b_6 JZKD +$$
$$b_7 G + b_8 ZJG + b_9 JJ + c_1 DAR + c_2 SIZE + \varepsilon \tag{7-1}$$
$$Q = a + b_1 YD + b_2 QW + b_3 ZD + b_4 JR + b_5 XL + b_6 JZKD +$$
$$b_7 G + b_8 ZJG + b_9 JJ + c_1 DAR + c_2 SIZE + \varepsilon \tag{7-2}$$

其中 a 为截距，b_1–b_9、c_1、c_2 为回归系数，ε 为随机误差。

二、多元回归分析结果

运用 SPSS13.0 软件，并采用逐步回归方法进行分析，由于分析过程冗长，受篇幅所限，将分析过程的 model 删除了，只保留筛选后的 model。通过对 ROE 的常用统计量、方差分析和回归分析（相应的分析表从略），得出了模型 1　ROE 相应指标的分析汇总表 7-3。

表 7-3　模型 1 ROE 回归系数及相应指标分析汇总表

	Unstandardized Coefficients		Standardized Coefficients	t	Sig.	Collinearity Statistics	
	B	Std. Error	Beta			Tolerance	VIF
Constant	−6.654	5.091		−1.307	0.020		
JR	−2.329	0.721	−0.525	−3.231	0.003	0.416	2.406
XL	4.193	1.015	0.476	4.129	0.000	0.826	1.211
JZKD	1.022	0.413	0.320	2.474	0.018	0.657	1.522
G	−0.178	0.064	−0.337	−2.766	0.009	0.738	1.355

续表

	Unstandardized Coefficients		Standardized Coefficients	t	Sig.	Collinearity Statistics	
	B	Std. Error	Beta			Tolerance	VIF
ZJG	0.339	0.096	0.569	3.543	0.001	0.426	2.350
JJ	0.940	0.262	0.393	3.590	0.001	0.914	1.094
DAR	0.203	0.047	0.482	4.355	0.000	0.893	1.120

其他结果：调整 R^2=0.551，Durbin−Watson=1.740，F=8.176（0.000）

注：Dependent Variable：ROE；因篇幅所限分析过程的前4个model删除了。

由表7−3可知，模型1在0.1（事实上在0.05）的水平下各系数显著，具有统计学意义，且拟合优度较好。其中调整的 R^2= 0.551，Dubin−Waston=1.740≈2可以认为不存在自相关。经过多元线性回归分析的残差分析图可知（见图7−1），残差服从均值为0的正态分布。由表7−4可知，残差与预测值的Spearman等级相关系数为−0.022（Sig.0.888），因此认为异方差现象并不显著。利用方差膨胀因子（VIF）检验多重共线性（VIF<10即可认为不存在严重的多重共线性），从表7−3中的VIF值来看模型1不存在多重共线性问题。

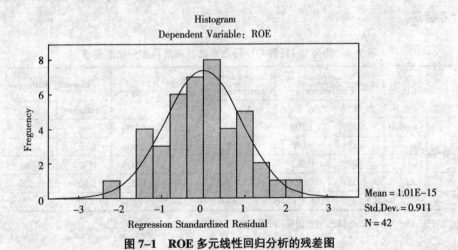

图7−1　ROE多元线性回归分析的残差图

同理，可以得到模型2——托宾Q的分析汇总见表7−5，因篇

表7-4　ROE 标准化残差和标准化预测值的 Spearman 等级相关分析结果

			Standardized Predicted Value	Standardized Residual
Spearman's rho	Standardized Predicted Value	Correlation Coefficient	1.000	−0.022
		Sig. (2-tailed)	.	0.888
	Standardized Residual	Correlation Coefficient	−0.022	1.000
		Sig. (2-tailed)	0.888	.

注：** Correlation is significant at the 0.01 level (2-tailed). * Correlation is significant at the 0.05 level (2-tailed).

幅所限，分析过程的前 3 个 model 删除了。

由表7-5 可知：模型 2 在 0.1（事实上在 0.01）的水平下各系数显著，具有统计学意义，且拟合优度较好。其中调整的 R^2=0.462，Dubin-Waston=2.040≈2 可以认为不存在自相关。经过多元线性回归分析的残差分析图可知（见图 7-2），残差服从均值为 0 的正态分布。由表 7-6 可知，残差与预测值的 Spearman 等级相关系数为−0.100（Sig.0.530），因此认为异方差现象并不显著。从表7-5 中的方差膨胀因子（VIF）来看，模型 2 不存在多重共线性问题。

表7-5　模型 2（托宾 Q）回归系数及相应指标分析汇总表

Model		Unstandardized Coefficients		Standardized Coefficients	t	Sig.	Collinearity Statistics	
		B	Std. Error	Beta			Tolerance	VIF
4	Constant	4.228	1.109		3.812	0.000		
	XL	0.258	0.080	0.372	3.223	0.003	0.983	1.017
	JJ	0.099	0.022	0.528	4.431	0.000	0.924	1.082
	SIZE	−0.327	0.094	−0.417	−3.470	0.001	0.909	1.100

其他结果：调整 R^2=0.462，Durbin-Watson=2.040，F=12.723（0.000）

注：Dependent Variable：Q；因篇幅所限分析过程的前 3 个 model 删除了。

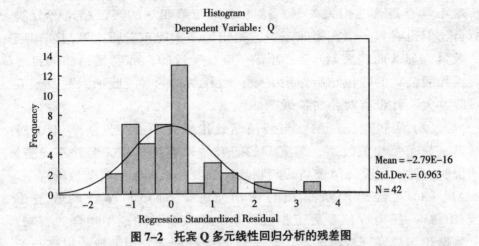

图 7-2 托宾 Q 多元线性回归分析的残差图

表 7-6 托宾 Q 的标准化残差和标准化预测值的 Spearman 等级相关分析结果

			Standardized Predicted Value	Standardized Residual
Spearman's rho	Standardized Predicted Value	Correlation Coefficient	1.000	−0.100
		Sig. (2−tailed)	.	0.530
	Standardized Residual	Correlation Coefficient	−0.100	1.000
		Sig. (2−tailed)	0.530	.

注：** Correlation is significant at the 0.01 level (2−tailed). * Correlation is significant at the 0.05 level (2−tailed).

经多元回归分析，最终确定的回归方程为：

$$ROE = -6.654 - 2.329JR + 4.193XL + 1.022JZKD - 0.178G$$
$$+0.339ZJG + 0.940JJ + 0.203DAR + \varepsilon \qquad (7-3)$$
$$Q = 4.228 + 0.258XL + 0.099JJ - 0.327SIZE + \varepsilon \qquad (7-4)$$

显然，资产负债率与公司规模影响公司绩效，当这二者处于控制状态下，综合考虑了自然人控股公司的治理特征的诸多因素之后，得到了如下综合性的结论：

（1）自然人控股公司的股权结构指标——第一大股东持股比例（YD）、前五大股东持股比例（QW）、股权制衡度（ZD）与公司绩效不具有显著的相关关系。这一结论与第四章的实证结论部分吻合，但也有差异（在第四章中，得出第一大股东控股比例与公司绩效具有显著曲线关系）。二者有一点是一致的，那就是目前的自然人控股公司的股权制衡作用失效；股权结构的"一股独大"及"五股共大"并没有对公司绩效造成危害。

（2）两职兼任（JR）与公司绩效指标的净资产收益率（ROE）具有显著负相关关系，第五章的研究结果也是负相关但并不显著。说明自然人控股公司较高的两职兼任程度并不利于公司绩效的提高。

（3）总经理与董事长的学历水平（XL）与净资产收益率（ROE）、托宾 Q 值显著正相关，这与第五章的结论相吻合。看来，董事长与总经理较高的学历水平，的确有利于公司绩效的提高与长远发展。

（4）家族控制程度（JZKD）与净资产收益率（ROE）显著正相关。第五章的结论虽然也是正相关，但并不显著。但这都说明了目前自然人的家族控制度有利于公司绩效的提高。

（5）前十大股东中高管人员持股比例总和（G）与公司绩效指标净资产收益率（ROE）具有显著负相关关系。这说明自然人控股公司前十大股东中的较高的高管持股比例不利于公司绩效的提高。而第六章得出二者无显著的相关关系的结论。

（6）总经理持股比例（ZJG）与净资产收益率（ROE）显著正相关。这个结论与第六章的结论部分吻合（第六章是 U 型二次曲线关系）。这说明实行股权激励有利于公司绩效的提高。

（7）基金持股比例与公司绩效的两个指标都具有显著的正相关关系。看来，大力发展机构投资者，有利于公司绩效的提高。

综上所述，本章的公司绩效指标与公司治理特征的各个指标之间具有综合的相关关系。由于该实证设计考虑的因素比较全面（与前面各章实证相比较），所得出的结论更具指导意义，有必要进行进一步的分析。

第五节　对实证结果的进一步分析与讨论

一、基于委托—代理关系的理论特征

现代公司的委托—代理关系主要涉及委托人和代理人。代理人是具有独立利益和行为目标的"经济人"，他的目标与委托人的目标不可能完全一致。因而就出现了代理成本或者激励问题。为了降低代理成本，从委托人的立场出发来看，必须设计一种契约或者机制，给代理人提供某种激励和约束，使代理人的决策倾向于能够有利于委托人的效用最大化。对于由民营企业改制而成的自然人控股公司由于其民营"出身"，企业的所有权与经营权部分重合。企业的所有者（大股东）同时也是企业的代理人，直接参与和监督企业的经营管理。管理者的能力、企业的效益、对管理者的激励和监督有效结合，较好地解决了委托人与代理人之间的一些矛盾，有效地降低了代理成本。自然人控股公司特殊的委托代理关系，衍生出公司治理结构的特殊性，具体表现在股权集中度高、两职合一程度高、家族控制度高、高管持股比例高等多方面。因此，这些治理特征与公司绩效的关系也将不同于其他类型的公司。[169]

二、股权结构特征与绩效

本研究的股权结构特征主要用股权集中度、股权制衡度来衡量。股权集中度主要用第一大股东的持股比例（YD）、前五大股东持股比例之和（QW）来表示；股权的衡制度用第二至第五大股东持股之和与第一大股东持股的比值（ZD）来表示。

1."一股独大"对公司绩效的影响分析

实证表明:自然人控股公司目前的"一股独大"对公司绩效并无显著影响。从第一大股东的持股比例来看,绝对控股的股东没有(股权比例在 50%以上),相对控股的公司有 31 家(大于 20%而小于 50%),股权相对分散的有 11 家(小于20%)。42 家公司第一大股东的控股比例均值为 25.43%,最大值为 49.66%,最小值为 5.82%。可见,目前的自然人控股公司第一大股东的股权控制度较高,但没有出现类似于国有股"一股独大"的诸多弊端。作者认为这主要是得益于自然人控股公司特殊的委托—代理关系和明晰的产权制度,从而佐证了明晰的产权制度是现代企业制度改革的关键。南开大学的李亚博士于 2006 年也曾提出:民营企业的"一股独大",非但不会侵害其他股东的利益,相反对于公司的感情、关爱以及作为一生事业来做的情结,更关注企业的发展成败。因此,在投资决策、项目选择和论证以及在企业多元化发展方面更加谨慎和认真,更注重企业投资与经营的回报和效益。[112] 但正如第四章所述,这不能证明大股东持股比例可持续增大,其他股东出于自身利益考虑,不希望第一大股东具有太大的控制权。从近三年的数据来看,自然人控股公司第一大股东的持股比例有下降趋势。

2."五股共大"对公司绩效的影响分析

QW 的均值为 55.63%,最大值为 78.43%,最小值为 23.01%,此数据相对于一般的公众公司(国有控股除外)来说,确实很高。而实证表明:目前的自然人控股公司的"五股共大"没有对公司绩效构成危害。作者认为主要原因是自然人控股公司的前五大股东一般都是公司的几个主要创始人、发起人或家族成员,由于其持股比例较高,如果公司业绩不佳,他们是最大的受害者。他们会对公司的经营或者管理尽心竭力。另外,自然人控股公司上市时间短,其公司治理问题还没有达到严重的程度。但随着市场竞争的日益激烈,公司治理问题的相应产生,再加上创始人或家族成员能力所限,这种股权的高度集中及家族控制不利于公司治理及长远发展,不利于其他更有能力股东的加入。因此,自然人控股公司应适当降低"实际控制人"或家族的控股比例，吸收有实力的战略投资者，进一步优化股权结构。

3. 股权制衡对公司绩效的影响分析

从股权的制衡度来看，ZD 值处于 0.31~3.21，平均值为 1.44，ZD 值大于 1.0 的有 31 家。从理论上分析，股权制衡度越高则对第一大股东的约束力越强，越有利于公司业绩的提高。但是实证结果表明股权制衡度与绩效并无显著的相关关系。这是因为样本公司大都是民营企业或家族企业，有的第二至第五大股东与第一股东之间有着密切的联系，甚至是前五大股东的利益趋于一致，所以，所谓股权的制衡作用也并未显现出来。也就是说，前面理论分析的股权制衡作用在自然人控股公司中失效。自然人目前的股权制衡度并不利于对小股东的保护，因为大股东现在不侵占小股东的利益（或者说现在表现并不明显），但并不能保证其以后的行为，因此，从制度上对自然人控股公司进行股权分散确有必要。

三、董事会、监事会的治理特征与绩效

1. 董事会、监事会的构成对公司绩效的影响分析

自然人控股公司由于所有权和经营权的统一，基本上消除了公司管理层的内部人控制问题，但出现了以控股股东为代表的"实际控制人"问题。从表面上看自然人控股公司已形成了股东大会、董事会、监事会之间的权力制衡机制。但董事会由控股股东"控制人"操纵，形同虚设，没有形成高效、独立的董事会来保证公司的运作机制。虽然董事会中独立董事占了 1/3，达到了证监会的最低要求，但其在公司中所发挥的作用与绩效之间的关系却还没有显现出来。而监事会成员往往是由原工会主席和职工代表组成，他们受总经理的行政领导，在制度上和实际执行过程中都无法实行对公司经理层的监督，则监事会在公司治理中的作用是可想而知了。因此，自然人控股公司应改变现有的董事会结构并加强监事会的监督作用。增加独立董事的数量，在数量上最好达到董事会规模的 1/2

以上，使董事会的决议真正能代表全体股东的利益。提高独立董事的质量，改革独立董事的选聘和薪酬机制，保证独立董事的独立性。改变现有监事会的人员构成，提高监事会成员的素质和水平，强化监事会的监督责任。[170]

2. 董事会的领导结构对公司绩效的影响分析

两职兼任（JR）程度是董事会的领导结构指标。样本公司中完全不兼任的仅有 20 家，较高的兼任程度加大了对董事会的控制力，令董事会的独立性受到影响，进而影响公司绩效。所以，本研究得出"两职兼任与净资产收益率显著负相关"是符合理论逻辑和客观现实的。另外，随着企业规模的增加，企业环境变化程度加大，企业面临的不确定性越来越大，两职兼任受其个人能力的约束和影响，也不利于公司的长远发展。因此，选择有经验的职业经理人进行经营与管理，可能是自然人控股公司不断发展壮大的最优选择。

3. 两职学历对公司绩效的影响分析

自然人控股公司大都是中小型高科技民营企业。企业的领军人物——董事长和总经理（实际控制人和关键人）的决策能力、创新能力、管理能力等综合能力是企业成败的关键。虽然高学历不一定具有高能力，但没有高学历、高能力的董事长和总经理是经营不好企业的。在自然人控股公司中的董事长和总经理大都有较高的学历。所以，本书得出的两职学历水平（XL）与公司绩效显著正相关这一结论，也证明了作者的逻辑分析与推断。

四、高管的股权激励特征与绩效

1. 前十大股东中高管的股权激励对公司绩效的影响分析

本章的结论与第六章的结论并不一致，第六章的结论是前十大股东高管持股与公司绩效没有显著的相关关系，而本章在考虑众多因素进行多元回归的基础上，得出前十大股东中高管持股比例总和与公司绩效不是不相关而是显著负相关。这一结论与 Jensent 和 Meckling 所分析的结论不同，而与魏刚在 2000 年的实证结论基本雷同，即高级管理人员报酬水平与经营业绩之间不存在显著的正相关关系。魏刚对此进行分析认为：一是高管人员持股比例偏低（0.014%），二是高管人员持股仅仅是一种福利制度安排，所以不能产生有效的激励作用。而自然人控股公司的高管人员持股比例（G）不是低而是相当高，反而得出与公司绩效指标净资产收益率显著负相关。笔者认为其主要原因有两个：一是由自然人控股公司特殊的股权结构和委托代理关系所决定的。自然人控股公司中高管持股比例高，并控制着自然人控股公司平均42.62%的股权。企业的所有者同时也是经营者，委托人同时也是代理人。这种特殊的股权结构及委托代理关系，必然会使高管们尽心竭力地为企业也是为自己而努力工作。因此公司间绩效的差异不会取决于他们的努力程度，更准确地说是不能取决于因股权激励而产生的努力程度，而是取决于其他因素如行业特点、企业所处的发展周期、企业家的能力等。二是当高管股权达到自然人控股的程度，则会发生质的变化：与其说是激励还不如说是控制，或者说是一种产权制度的安排。在这样的产权制度下，自然人控股公司的家族控制、关键人控制现象十分明显，高管们的权威治理与工作能力将对业绩起着非常重要的作用。众所周知，自然人控股公司持股高的高管大都是家族成员且总体素质相对于其他公司尚有差距。根据上述分析，自然人控股公司虽然降低了代理成本，但也受家族、高管能力等诸多条件的约束，所以，公司绩效与高管持股（G）具有显著的负相关关系就可以理解了。[171]

2. 经理人的股权激励对公司绩效的影响分析

本研究中高管界定的"面"有点广。如有些董事虽然持股，但只作为合伙人，其没有能力参与公司的决策与运作；受董事会委托的总经理才是直接从事经营与运作的"关键人"。其实，对自然人控股公司的总经理进行重点研究才能反映问题的实质。对经理人的长期激励与约束实际上是公司有效治理的核心。本研究的总经理持股（ZJG）均值为10.75%，其最大值为49.66%，该值大的一般是董事长或副董事长兼任总经理。总经理直接持股的有35家，而没持股的 7 家，一般采用年薪制并附加绩效工资。相比较而言，未实行股权激励的公司现金工资较高，而实行股权激励的公司除了部分的薪金之外，其收入主要是取决于其所持有股权的价值。这样的激励机制有效地解决了公司股东的利益与经营者利益不一致的矛盾，使经理人员的长期利益与股东的长期利益有机地结合起来，减少了代理风险。公司经理层掌握公司的经营控制权，他们有能力也有动力为股东也是为自己尽心竭力地努力工作。本实证结果得出了大家公认的结论："总经理持股（ZJG）与净资产收益率显著正相关。"该结果与第六章实证结果略有不同，但二者的共同之处是都证明了总经理的持股有利于公司绩效的提高。

按理说，股权激励应与托宾 Q 显著正相关，但本实证并没有得出相应的结论。笔者认为 2004~2006 年股市波动不太大，上市公司的业绩并没有完全反映在股价上，也就是说，2004~2006 年中国的股市并不是一个完全有效的资本市场，但随着中国股市的健康发展，信息的准确、及时与完整，公司治理的进一步完善，将会逐渐成为一个有效的资本市场。实行股权激励事实上也是向市场传递一种信号，使股票市值有所提高，但股票市值是要有真实的公司业绩支撑的，经理人只有努力工作才能提高公司业绩。所以，持有一定数额股权的经理人与其说是为股东还不如说是为自己创造更多的剩余价值，这也正是股权激励所要达到的目标。

五、机构投资者治理特征与绩效

本章采用机构投资者——基金持股（JJ）作为外部治理机制指标进行研究。研究表明"公司绩效与基金持股显著正相关"。机构投资者——基金持股比例近两年来有所增加，并已跻身于前十大股东之中。虽然机构投资者平时对公司治理不甚关心，主要追求股票的投资回报，但他比散户更有能力也有动机去关心自己所投资的公司的治理状况，如有能力广泛收集信息并参加股东大会等。特别是所投资的公司出现问题时，机构投资者可以行动起来对领导班子进行整顿。当投资基金持有公司的股票达到一定规模的时候，无论其初始目的是什么，由于规模庞大，其流动性不可能像中小投资者那样高，因此，就不得不采取积极约束的手段，直接对公司经营者进行监管。监管好公司的经营者已成为保证基金投资效益的必要前提。可见，只要投资基金对公司的投资达到了一定的比例，就不得不在监管公司的经营者方面发挥其作用，公司的治理效率也就必然因此而改进。国内外的经验告诉我们，大力发展机构投资者有利于公司治理，有利于优化股权结构，有利于股市的稳定发展。

　　本章的实证分析表明，自然人控股公司股权特征对公司绩效的影响并不显著，董事会中的权力特征和高管的股权激励特征与公司绩效具有显著的相关关系。因此，建议自然人控股公司应该做到如下几点：增加 CEO 的持股比例并降低其他高管的持股比例；改变现有的董事会结构并加强监事会的监督作用；聘用职业经理人并降低两职兼任程度；大力发展机构投资者进而优化股权结构，使自然人控股公司的治理机制更加合理、有效。

第八章　研究结论与展望

本研究采用理论分析与实证研究、局部分析与整体分析相结合的方法，得出了一系列的具体结论，进而总结出自然人控股公司的治理机理。

一、主要实证结果的汇总与分析

本研究给出了自然人大股东控制下的公司治理特征，而这些特征对公司绩效影响明显不同于基于传统理论所分析的结论，进而从新的角度揭示了自然人控股公司的治理机制。其基本要点归纳为以下两个方面：

（1）自然人控股公司中董事长与总经理是影响公司绩效的关键因素。

通过研究得出，自然人控股公司具有股权集中度高，股权制衡度低，两职兼任程度高，董事长的权威治理和家族控制程度高，高管持股比例高等特征。这些特征对公司绩效的影响见表 8-1。

表 8-1　各章实证结果汇总表

方法	变量 被解释变量		解　释　变　量								
			股权结构特征			董事会特征				高管股权特征		基金
			YD	QW	ZD	DSZE	DB	JR	XL	JZKD	G	ZJG	JJ
局部分析	相关性	ROE	+**	+	−	−	+	−	+***	+	−	+	
	回归分析		对数						线性			二次	
	相关性	Q	+**	+	−	−	+	+	+**	+	−	+	
	回归分析		三次						线性			二次	

方法	变量 被解释变量		解 释 变 量									
			股权结构特征			董事会特征					高管股权特征		基金
			YD	QW	ZD	DSZE	DB	JR	XL	JZKD	G	ZJG	JJ
整体分析	相关分析	ROE	+	+	−			−	+***	+	−	+	+**
	多元回归分析							↓	↑	↑	↓	↑	↑
	相关分析	Q	+	+	−				+***	−		+	+***
	多元回归分析								↑				↑
局部与整体一致性				√	√				√				

注：①*** Correlation is significant at the 0.01 level（2-tailed）；**Correlation is significant at the 0.05 level（2-tailed）。②+号表示正相关；−号表示负相关。③↑表示整体多元回归分析中显著正相关；↓表示整体多元回归分析中显著负相关。④√号表示局部分析与整体分析的完全一致性。⑤控制变量为资产负债率（DAR）和公司账面总资产的自然对数（SIZE），表中的文字表示局部分析中的回归函数形式。

从表 8-1 清晰可见，局部分析与整体分析在相关性分析的方向上具有高度的一致性；在回归分析方面既有一致性，也有一定程度的差异性。综合表中结果可见，从股权结构特征到董事会特征，再到高管持股特征，凡是与绩效显著的变量都与董事长与总经理有关。这与理论分析及众多学者对其他类型公司的分析并不一致，说明了自然人控股公司治理的特殊性。

（2）自然人控股公司的治理机理。

从各章的局部与整体的实证分析可知，自然人控股公司的股权制衡作用失效，董事会的作用不显著，股权激励的作用也不同于一般的公众公司。然而，自然人控股公司以其良好的业绩和旺盛的生命力正不断发展壮大，说明其现行的制度安排、治理机理可能不是理论上最优的，但在现实中是有效的。

自然人控股公司的治理机理与基于委托—代理理论的一般公众公司的治理机理有所不同，见图 8-1。自然人控股公司的治理始终处于自然人大股东（董事长）或家族控制之下，董事长及家族成员对董事会、经理人的影响较大。这种特殊的股权特征，形成了特殊的治理关系，进而形成了特殊的治理机理。这种治理机理影响或改变了传统的董事会和经理人的作用或机制，因此，实证结论也会有

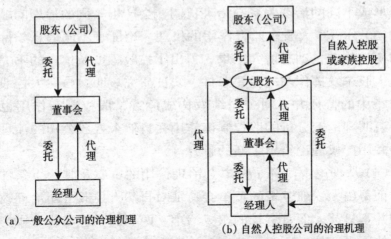

（a）一般公众公司的治理机理

（b）自然人控股公司的治理机理

图 8-1 基于委托—代理理论的两种类型公司的治理机理比较

所不同。

二、主要结论

除第八章第一节阐述的研究成果之外，本研究还得出如下六方面的研究成果及结论：

（1）在股权集中的治理模式下，公司治理所要解决的核心问题不再仅仅是传统的"股东—经理"之间的代理问题，而逐渐让位于"小股东—大股东—经理"框架下的代理问题。通过文献梳理发现，无论是从理论上还是实证上，对公司治理的研究一直都在进行，但得出的结论并不一致，甚至是完全矛盾的，主要是由于研究者选取样本的国度不同、制度不同、时间不同以及研究方法不同所导致的，但也说明了公司治理的复杂性和多样性。

（2）比较与分析了自然人控股公司与其他类型公司的治理特征。自然人控股公司与国有控股公司虽然同是"一股独大"，但在委托—代理关系、股权结构、治理结构方面都存在着显著的差异；自然人控股公司与法人控股公司、一般公众公司相比较，无论是内部治理还是外部治理都体现出自身的特点。比较表明：不同的股权特征形成不同的治理关系与治理机制，会产生不同的治理问题。

（3）分析了大股东监督作用的机理，论证了不同信息条件下股权制衡的静态、动态博弈结果，得出了控股程度及信息的不完全程度是大股东发挥作用的重要条件。实证研究表明，自然人控股公司股权集中的特征并未对公司绩效构成危害，股权制衡作用也不显著。说明理论上分析的股权制衡作用在自然人控股公司的治理中失效，并用产权理论给出了新的解释。

（4）从理论上阐释了董事会治理作用的本质及其约束条件，通过实证得出，一般逻辑的董事会特征对自然人控股公司治理绩效的作用并不显著，而董事长的权威治理、两职的学识与能力成为至关重要的因素。从而证明了董事会治理作用的局限性。

（5）通过模型推导证明了一般公众公司股权激励的作用及最优解问题，分析了自然人控股公司股权激励的特殊性。实证研究表明，自然人控股公司的股权激励作用及曲线方向与委托—代理理论的分析存在差异，这是由其特殊的产权结构、家族控制及董事长的权威等众多因素综合影响所致。所以，自然人控股公司的股权激励是委托—代理理论分析的一个特例。

（6）对自然人控股公司的综合治理特征与绩效进行了整体的实证研究。通过多元回归找出了影响公司绩效的关键因素，即两职兼任程度、两职的学历和能力、家族控制程度、高管持股和总经理持股以及机构投资者持股等。为进一步完善自然人控股公司的治理提供了依据。

三、主要贡献

（1）较系统地研究了自然人控股公司的治理理论与实践。目前，国内外关于公司治理方面的文献非常多，但针对自然人控股公司治理的文献资料较少，至少还没有形成完整的理论体系。

（2）构建了自然人控股公司治理的理论研究框架。本研究在分析自然人控股公司的一般特性的基础上，归纳与总结了自然人控股公司的治理特性，并与其他类型公司的治理特征相比较，提出了本研究的三个重点问题。

（3）给出了大股东、董事会、经理人发挥作用的条件，研究了三者对公司绩效的影响，得出了一些与众不同的结论，并进行了系统的分析，从而证明了传统理论分析的局限性及本研究的特殊性。

（4）揭示了自然人控股公司的治理机理，证明了自然人控股公司特殊的股权特征——自然人或家族控股，形成了特殊的治理关系和治理机制，提供了解释公司治理各种现象的新线索。

四、需要进一步开展的工作

自然人控股公司治理问题是一个复杂的命题。限于主客观条件，本书主要是从内部治理的角度论述了自然人控股公司三个重要的治理问题，尝试性地提出了自然人控股公司的理论分析框架，并对理论分析及实证结果的一些基本问题做出了初步的诠释。但有些问题还有待于今后进一步研究。

（1）大股东治理与管理层的"合谋"问题还有待进一步的研究。本研究假定管理层的努力程度只与大股东的监督有关，而没有考虑控制权收益对管理层的激励作用。实际上，管理层也能够利用自己的自由抉择权获取控制权私人收益，只是这种私人收益要受到大股东监督的限制。如果大股东能与管理层事前达成控制权分配的收益，则大股东可以选择较少的监督，从而使得企业的控制权收益的总量增加，这样大股东和管理层都会获益，当然这种"合谋"是以小股东权益受损为代价的。所以，大股东与管理层的"合谋"问题有待于将来进一步分析。

（2）对大股东侵占问题只是作了理论分析，没有进行实证研究。主要是因为自然人控股公司上市的时间短，如不及时派发股利、关联交易等问题暴露得还不够充分，这些都有待于今后跟踪研究。

（3）对董事会的进一步研究。本研究没有分析董事会行为（会议频率、更换 CEO、兼并和收购等）对企业绩效的影响，在研究过程中试图对相关的内容进行研究。但在收集了全部样本的相关数据后发现，近几年来，几乎没有更换 CEO 现象，会议频率波动也不大，兼并收购也很少。笔者认为还是样本少、时间短，但随着我国企业改革的不断深入，中小型民营企业、家族企业将会不断在中小企业板上市，届时将会有更多的自然人控股公司涌现出来（到 2007 年底已达 80 家），为今后进一步研究提供有利条件。

（4）针对自然人控股公司董事长和总经理人选的研究。董事长和总经理是自然人控股公司发展的关键人物，如何选聘合适的总经理，如何提高董事长和总经理的综合能力，如何提高公司的决策质量，如何搞好针对董事长和总经理的治理，这些都是作者将来需要专门研究的问题。

综上所述，我国自然人控股公司股权结构形成过程和约束条件独特，公司治理问题与其他类型的公司有所差异，对这样的小样本事件进行研究，可以使我们找到数字背后驱动公司价值的真实动力和机制，获得真正有价值的研究成果。但由于笔者能力有限，同时，受研究手段与方法、资料与数据来源等的限制，本书仅仅是对其进行了初步的、探索性的研究。文中的一些观点与结论可能并不完善，只能留待今后进一步深入探讨。

附　表

附表1　42家样本公司及第一大股东控股比例（%）

代号	名称	控股比例	代号	名称	控股比例	代号	名称	控股比例
600143*	金发科技	22.41	600527	江南高纤	20.61	002028	思源电气	20.32
600330*	天通股份	10.44	600537	海通集团	23.78	002034*	美欣达	37.82
600340	国祥股份	25.76	600594	益佰制药	24.39	002052*	同洲电子	42.26
600352*	浙江龙盛	16.32	002004*	华邦制药	16.31	002054	德美化工	23.28
600355*	精伦电子	22.25	002008	大族激光	24.11	002067	景兴纸业	26.74
600405*	动力源	14.86	002009	天奇股份	23.50	002070*	众和股份	23.08
600408*	安泰集团	44.43	002010*	传化股份	22.06	002073	青岛软控	22.42
600410	华胜天成	18.02	002015*	霞客环保	15.92	002076*	雪莱特	49.66
600446	金证股份	15.89	002018*	华星化工	17.83	002082	栋梁新材	21.10
600477	杭萧钢构	36.55	002021*	中捷股份	29.14	002089*	新海宜	20.04
600491*	龙元建设	42.34	002022	科华生物	8.52	002093*	国脉科技	29.24
600499	科达机电	24.94	002023*	海特高新	42.04	002097	山河智能	27.42
600512*	腾达建设	5.82	002024	苏宁电器	32.24	002099*	海翔药业	34.37
600521	华海药业	26.70	002027*	七喜股份	44.57	002102*	冠福家用	18.64

资料来源：作者根据2004~2006年上市公司年报整理，* 代表家族企业。

附表2　净资产收益率（ROE）关于前五大股东（QW）的回归

变量	模型 A2	模型 B2	模型 C2	模型 D2	模型 E2
	linear	logarith	lnverse	quadratic	cubic
QW	0.071	3.518	−147.371	0.231	−0.173
Sig.	0.467	0.457	0.472	0.733	0.007
QW²				−0.002	0.903
Sig.				0.811	0.002
QW³					−5.41E−005
Sig.					0.881
常数项	8.817	−1.284	15.568	4.871	11.022
Sig.	0.116	0.946	0.000	0.780	0.805

变量	模型 A2	模型 B2	模型 C2	模型 D2	模型 E2
	linear	logarith	lnverse	quadratic	cubic
调整 R^2	−0.011	−0.011	−0.012	0.036	−0.062
F 值	0.539	0.565	0.526	0.292	0.198
Sig.	0.467	0.457	0.472	0.748	0.897

注：**Correlation is significant at the 0.01 level (2-tailed). * Correlation is significant at the 0.05 level (2-tailed).

附表 3　托宾（Q）关于第一大股东（QW）的回归

变　量	模型 F2	模型 G2	模型 H2	模型 I2	模型 J2
	linear	logarith	lnverse	quadratic	cubic
QW	0.008	0.362	−15.042	−0.018	0.191
Sig.	0.303	0.328	0.349	0.733	0.373
QW^2				0.000	−0.004
Sig.				0.620	0.347
QW^3					2.80E−005
Sig.					0.315
常数项	1.155	0.148	1.879	1.791	−1.390
Sig.	0.010	0.920	0.000	0.191	0.685
调整 R^2	0.002	−0.001	−0.003	−0.017	−0.016
F 值	1.089	0.979	0.897	0.659	0.785
Sig.	0.303	0.328	0.349	0.523	0.510

注：**Correlation is significant at the 0.01 level (2-tailed). * Correlation is significant at the 0.05 level (2-tailed).

附表 4　净资产收益率（ROE）关于股权制衡度（ZD）的回归

变　量	模型 A3	模型 B3	模型 C3	模型 D3	模型 E3
	linear	logarith	lnverse	quadratic	cubic
ZD	−1.721	−2.133	1.750	−1.468	−13.604
Sig.	0.237	0.236	0.249	0.792	0.438
ZD^2				−0.077	8.444
Sig.				0.962	0.473
ZD^3					−1.671
Sig.					0.465
常数项	15.254	13.213	11.032	15.093	19.528
Sig.	0.000	0.000	0.000	0.001	0.011

续表

变 量	模型 A3	模型 B3	模型 C3	模型 D3	模型 E3
	linear	logarith	lnverse	quadratic	cubic
调整 R^2	0.011	0.011	−0.015	−0.015	−0.027
F 值	1.444	1.447	1.370	0.705	0.646
Sig.	0.237	0.236	0.249	0.500	0.590

注：**Correlation is significant at the 0.01 level (2–tailed). * Correlation is significant at the 0.05 level (2–tailed).

附表5 托宾（Q）关于第一大股东（ZD）的回归

变 量	模型 F3	模型 G3	模型 H3	模型 I3	模型 J3
	linear	logarith	lnverse	quadratic	cubic
ZD	−0.003	−0.008	0.022	−0.046	0.837
Sig.	0.980	0.953	0.856	0.918	0.550
ZD^2				0.013	−0.606
Sig.				0.920	0.520
ZD^3					0.122
Sig.					0.507
常数项	1.597	1.595	1.571	1.624	1.302
Sig.	0.000	0.000	0.000	0.000	0.032
调整 R^2	−0.025	−0.025	−0.024	−0.051	−0.066
F 值	0.001	0.003	0.033	0.005	0.153
Sig.	0.980	0.953	0.856	0.995	0.927

注：**Correlation is significant at the 0.01 level (2–tailed). * Correlation is significant at the 0.05 level (2–tailed).

参考文献

[1] Grossman S. and Hart O..The costs and the benefits of ownership: A theory of vertical and lateral integration [J], Journal of Political Economy, 1986 (94): 691–719.

[2] 青木昌彦，钱颖一. 转轨经济中的公司治理结构. 北京：中国经济出版社，1995.

[3] 吴敬琏. 现代公司与企业改革. 天津：天津人民出版社，1994.

[4] 张维迎. 所有制、治理结构与委托—代理关系——兼评崔之元和周其仁的一些观点. 经济研究，1996（9）：3–15.

[5] 上海证券交易所研究中心. 中国公司治理报告（2005）：民营上市公司治理. 上海：复旦大学出版社，2005.

[6] 周秀云. 中国民营上市公司治理绩效研究，南京理工大学，2005：2–3.

[7] 克林·盖尔西克. 家族企业的繁衍——家族企业的生命周期. 北京：经济日报出版社，1998.

[8] 阿曼·阿尔钦，哈罗德·德姆塞茨（1972）. 生产、信息成本和经济组织. 现代制度经济学（上卷）. 北京：北京大学出版社，2003.

[9] 汪丁丁. 企业家的形成与财产制度. 经济研究，1996（1）：62–68.

[10] 格罗斯曼，哈特（1986）. 所有权的成本和收益：纵向一体度与生产组织. 上海三联书店，1996.

[11] 哈特（1995）. 企业、合同与财务结构. 上海：上海三联

书店，上海人民出版社，1998.

[12] Milgrom, Paul and Roberts, John. Economics, Organization and Management [M]，Engle wood Cliffs，NJ：Prentcle Hall，1992：191-193.

[13] 张维迎. 企业理论与中国企业改革. 北京：北京大学出版社，1999.

[14] Zingales, Luigi. Corporate Governance [J]，NBER Working Paper，1997：6309.

[15] Shleifer, Andrei Vishny, Robert W.. A Survey of Corporate Governance [J]，NBER Working Paper，1996：5554.

[16] 李维安. 中国公司治理原则与国际比较. 北京：中国财政经济出版社，2001.

[17] 邱慈孙. 公司治理结构理论评述. 经济评论，2000（2）：64-66.

[18] 周小川等. 企业改革：模式选择与配套设计. 北京：中国经济出版社，1994.

[19] 张维迎. 企业的企业家契约理论. 上海：上海三联出版社，上海人民出版社，1995.

[20] 青木昌彦. 对内部人控制的控制：转轨经济中公司治理的若干问题. 改革，1994（6）：6-10.

[21] 张承耀. 内部人控制问题与中国企业改革. 改革，1995（3）：29-33.

[22] 费方域. 论我国国有控股公司的组建与发展. 经济研究，1996（6）：31-39.

[23] 施东晖. 当代公司治理研究的新发展. 中国金融学，2004（9）：172-175.

[24] 张维迎. 所有制经济中的委托人——代理人关系：理论分析和政策含义. 经济研究，1995（4）：10-20.

[25] 杨瑞龙. 论国有经济中的多级委托代理关系. 管理世界，1997（1）：106-115.

［26］刘迎秋. 关键是创建国有产权委托人选择机制. 改革，1997（6）：26-28.

［27］林毅夫等. 充分信息与国有企业改革. 上海：上海三联出版社，上海人民出版社，1997.

［28］Shleifer A.. State versus pricate ownership ［J］，Journal of Economic Perspectives，1998（12）：133-150.

［29］Boycko M.，A. Shleifer and Vishney R.. Voucher privatization ［J］，Journal of Financial Economics，1994（35）：249-266.

［30］Boycko M.，A. Shleifer and Vishney，R.. A theory of privatization ［J］，The Economic Journal，1996（106）：309-319.

［31］Jones D. and Mygind N.. The nature and determinants of ownership changes after privatization: Evidence from Estonia ［J］，Journal of Comparative Economics，1999（27）：422-441.

［32］Estrin and Rosevear. Enterpise performance and corporate governance in Ukraine ［J］，Journal of Comparative Economics，1999（27）：442-458.

［33］Estin and Wright. Corporate governance in former Soviet Union: An Overview ［J］，Journal of Comparative Economics，1999（27）：398-421.

［34］李维安. 公司治理. 天津：南开大学出版社，2001.

［35］Demsetz，Harold Lehn，Kenneth. The Structure of Corporate Ownership: Causes and Consequences ［J］，Journal of Political Economy，1985，Vol.93，No.6：1155-1177.

［36］Holderness C. G. and D. P. Sheehan. The Role of Majority Shareholders in Publicly Held Corporations ［J］，Journal of Financial Economics，1988（20）：317-346.

［37］Claessens S. Djankov and L. H. P. Lang. The Separation of Ownership and Control in East Asian Corporations ［J］，Journal of Financial Economics，2000（58）：81-112.

［38］Berle，Adolf & Means，Gardiner. The Modern Corporation

and Private Property ［M］, New York: Commerce Clearing House, 1932: 62–63.

［39］ Brickley J., C. James. The Takeover Market, Corporate Board Composition and Ownership Structure: The Case of Banking ［J］, The Journal of Law and Economics, 1987. 161–181.

［40］ Morck R., A. Shleifer, R. W. Vishny. Management Ownership and Market Valuation: An Empirical Analysis ［J］, Journal of Financial Economics, 1988 (20): 293–315.

［41］ 操舰. 大股东与公司治理研究. 复旦大学, 2004: 35–41.

［42］ Xu Xiaonian, Wang Yan. Ownership Structure and Corporate Governance in Chinese Stock Companies ［J］, China Economic Review, 1999 (10).

［43］ 周业安. 金融抑制对中国企业金融能力影响的实证研究. 经济研究, 1999 (2): 13–20.

［44］ 张红军. 中国上市公司股权结构与公司绩效理论与实证分析. 经济科学, 2000 (4): 34–44.

［45］ 陈小悦, 徐晓东. 股权结构、企业绩效与投资者利益保护. 经济研究, 2001 (11): 3–11.

［46］ 吴淑琨. 股权结构与公司绩效的 U 型关系研究. 中国工业经济, 2002 (1): 80–87.

［47］ 苏武康. 中国上市公司股权结构与公司绩效. 经济科学出版社, 2003.

［48］ 何浚. 上市公司治理结构的实证分析. 经济研究, 1998 (5): 50–57.

［49］ 姜国华, 岳衡. 大股东占用上市公司资金与上市公司股票回报率关系的研究. 管理世界, 2005 (9): 119–126.

［50］ Demsetz, Harold. The Structure of Ownership and the Theory of the Firm ［J］, Journal of Law and Economics, 1983, Vol.26.

［51］ Stulz R.. Managerial Control of Voting Rights: Financial Policies and the Market for Corporate Control ［J］, Journal of Financial Economics, 1988 (20).

[52] Morck, Randall Shleifer, Andrei Vishny, Robert W.. Manangement Ownership and Market Valuation: An Empirical Analysis [J], Journal of Financial Economics, 1988, Vo1.20.

[53] McConnell, John and Henriservaes. Additional evidence on equity ownership and corporate value [J], Journal of Financial Economics, 1990 (27).

[54] Thomsen S., Pedersen T.. Ownership Structureand Economic Performance in the Largest European Companies [J], Strategic Management Journal, 2000 (21).

[55] Holderness Clifford G., Sheehan, Dennis P.. The Role of Majority Shareholders in Publicly Held Corporations: An Exploratory Analysis [J], Journal of Financial Economics, 1988, Vo1.20.

[56] Clifford G. Holderness. A Survey of Blockholders and Corporate Control [J], Boston College Working Paper, 2003: 51-64.

[57] 孙永祥，黄祖辉. 上市公司股权结构与公司绩效. 经济研究, 1999 (12): 23-30.

[58] 陈晓，江东. 股权多元化、公司绩效与行业竞争. 经济研究, 2000 (8): 28-35.

[59] 朱武祥，宋勇. 股权结构与企业价值：家电行业上市公司实证分析. 经济研究, 2001 (12): 66-72.

[60] 杜莹，刘立国. 股权结构与公司治理效率：中国上市公司的实证分析. 管理世界, 2002 (11): 124-133.

[61] 王克敏，陈井勇. 股权结构、投资者保护与公司绩效. 管理世界, 2004 (7): 127-131.

[62] 白重恩，刘俏，陆洲，宋敏，张俊喜. 中国上市公司治理的实证研究. 经济研究, 2005 (2).

[63] Donaldson L.. The Ethereal Hand: Organizational Economics and Management Theory [J], Academy of Management Review, 1990 (15): 369-381.

［64］ Donaldson L. and Davis J.. Stewardship Theory or Agency Theory： CEO Governance and Shareholder Returns ［J］, Australian Journal of Management, 1991 (16)： 49–64.

［65］ 上海证券交易所研究中心. 中国公司治理报告 (2004)： 董事会独立性与有效性. 上海： 复旦大学出版社, 2004.

［66］ 孙永祥. 公司治理结构理论与实证研究. 北京： 上海三联 出版社, 2002.

［67］ Hermalin B. and M. Weisbach. Effects of Board Composition and Direct Incentives on Firm Performance ［J］, Financial Management, 1991 (20), No. 4： 101–112.

［68］ Bhagat S. and Black B.. Board Independence and Longterm Firm Performance ［J］, University of Colorado Working Paper, 2000.

［69］ Rosenstein S. and J. Wyatt. Inside Directors, Board Effectiveness and Shareholder Wealth ［J］, Journal of Financial Economics, 1997 (44)： 229–250.

［70］ Rosenstein S. and J. Wyatt. Outside Directors, Board Independence and Shareholder Wealth ［J］, Journal of Financial Economics, 1990 (26)： 175–184.

［71］ Weisbach M.. Outside Directors and CEO Turnover ［J］, Journal of Financial Economics, 1988 (20)： 431–460.

［72］ Brickley J. and C. James (1987). The takeover market, Corporate Board Composition and Owenership Structure： the Case of Banking ［J］, Journal of Law and Econocics, 30： 161–181.

［73］ Brickley J., J. Coles and R. Terry. Outside Directors and Adoption of Poison Pills ［J］, Journal of Financial Economics, 1994 (35)： 371–390.

［74］ Lipton M. and Lorsch J.. A Modest Proposal for Improved Corporate Governance ［J］, Business Lawyer, 1992 (48) No.1： 59–77.

［75］ Jensen M.. The Modern Industrial Revolution, Exit and the

Failure of Internal Control Systems ［J］, Journal of Finance, 1993 (48): 831–880.

［76］ Yermack D.. Higher Market Valuation of Companies with a Small Board of Directors ［J］, Journal of Financial Economics, 1996 (40): 185–211.

［77］ Eisenberger T., S. Sundgren and M. Wells. Larger Board Size and Decreasing Firm Value in Small Firms ［J］, Journal of Financial Economics, 1998 (48): 35–54.

［78］ Rechener P. L. and Dalton D. R.. CEO Duality and Organizational Performance: a Longitudinal analysis ［J］, Strategic Management Journal, 1991 (12): 155–160.

［79］ Baliga B. R., Moyer R. C. and Rao R. S.. CEO Duality and Firm Performance: What is the Fuss? ［J］, Strategic Management Journal, 1996 (17): 41–53.

［80］ 吴淑琨，柏杰，席酉民. 董事长与总经理两职合——中国上市公司实证分析. 经济研究, 1998（8）: 21–28.

［81］ 于东智. 董事会、公司治理与绩效——对中国上市公司的经验分析. 中国社会科学, 2003（3）: 29–41.

［82］ 胡晓阳，李少斌，冯科. 我国上市公司董事会行为与公司绩效变化的实证分析. 中国软科学, 2005（6）: 121–125.

［83］ Fama, E.. Agency Problems and the Theory or Firm ［J］, Journal of Political Economy, 1980 (88): 288–307.

［84］ Baker G., Jensen M. and Murphy K.. Compensation and incentives: Practice VS. Theory ［J］, the Journal of Finance, 1988 (43): 593–616.

［85］ Jensen M. and Murphy K.. Performance pay and top-management incentives ［J］, Journal of Political Economy, 1990 (98): 225–264.

［86］ Sappington D.. Incentives in Principalagent Relationships ［J］, Journal of Economics Perspectives, 1991 (5): 45–66.

[87] Garen J.. Executive Compensation and Principalagent Theory [J], Journal of Political Economy, 1994 (102): 1175-1199.

[88] Kaplan S.. Topexecutive rewards and firm performance: A comparison of Japan and the United States [J], Journal of Political Economics, 1994 (102): 510-546.

[89] Mehran H.. Executive Compensation Structure, Ownership and Firm Performance [J], Journal of Financial Economics, 1995 (38): 163-184.

[90] Core J., R. Holthausen and Larcker D.. Corporate Governance, Chief Executive Officer Compensation and Firm Performance [J], Journal of Financial Economics, 1999 (51): 371-406.

[91] 张一新. 自然人控股公司行为特征分析与完善. 现代经济探讨, 2002 (2): 62-64.

[92] 朱武祥. 股权结构与公司治理. 证券市场导报, 2002 (1): 56-62.

[93] 朱武祥. 自然人直接控股上市公司喜与忧. 新财经, 2003 (5): 11.

[94] 吴达明. 自然人上市忙. 新财经, 2003 (5): 10-11.

[95] 封面报道. 不可忽视的特征. 新财经, 2004 (7): 46-49.

[96] 陈维义. 基于多重委托—代理关系的企业职工参与管理研究. 东北大学, 2005: 18-19.

[97] 刘烨. 高科技公司治理结构理论与实证研究. 东北大学, 2006: 34-35.

[98] 郭斌等. 企业所有者与经理人委托—代理关系中最优激励报酬机制研究. 中国管理科学, 2004 (10): 80-83.

[99] Blinder, Alan S. (Ed.). Paying for Productivity: A Look at the Evidence [M], Washington D.C.: Brookings Institution. 1990.

[100] Conyon, Martin J. and Richard Freeman. Shared Modes of Compensation and Firm Performance: UK Evidence [M], Working Paper No.8448, National Bureau of Economic Research, Cambridge,

MA. 2001.

［101］秦晓. 组织控制、市场控制：公司治理结构的模式选择和制度安排. 管理世界，2003（4）：1—8.

［102］因内思·马克，大卫·佩雷斯. 信息经济学引论：激励与合约. 上海：上海财经大学出版社，2004.

［103］Lewin，David and Richard B. Peterson. The Nonunion Grievance Procedure：A Viable System of Due Process？［J］，Employee Responsibilities and Rights Journal，1990，3（1）：1—18.

［104］Alchian A. and Demesetz H.. Production，Information Costs and Economics Organization［J］，American Economics Review，1972（62）：777—795.

［105］Ross S. A.. The Economic Theory of Agency：The Principal's［J］，American Economic Review，1973（63）：134—139.

［106］Mirrlees J.. Notes on Welfare Economics，Information and University，in M. Balch，D. Mcfadden and D. Wu（eds.）［M］，Essays in Economic Behavior in Uncertainty，North-Holland，Amsterdam，1974.

［107］Mirrlees J.. The Theory of Moral Hazard and Unobservable Behavior，Part I，Working Paper［M］，Nuffield College，Oxford，1975.

［108］Mirrlees J.. The Optimal Structure of Incentives and Authority within an Organization［J］，Bell Journal of Economics，1976（7）：105—131.

［109］卢现祥. 新制度经济学. 武汉：武汉大学出版社，2004.

［110］科斯，哈特，斯蒂格利茨. 契约经济学. 北京：经济科学出版社，1999.

［111］李平. 上市公司 CEO 薪酬激励研究. 湖南大学，2004：14—15.

［112］李亚. 民营企业公司治理. 北京：机械工业出版社，2006.

［113］周秀云. 中国民营企业公司治理绩效研究. 南京理工大学，2005：36-37.

［114］La Porta, R. F. Lopez-De-Silanes, A. Shleifer and R. W. Vishny. Corporate Ownership Around the World ［J］, the Journal of Finance, 1999 (54)：471-517.

［115］芮明杰. 国有控股公司运行与管理. 太原：山东人民出版社，1999.

［116］唐萍. 财务总监委派制的可行性研究. 经济研究，1999 (1)：60-66.

［117］操舰. 大股东与公司治理研究. 复旦大学，2004：26-33.

［118］张维迎. 博弈论与信息经济学. 上海：上海三联出版社，2005.

［119］Grossman, Sanford J. Hart, Oliver D.. Takeover Bids, the Freerider Problem and the Theory of the Corporation ［J］, Bell Journal of Economics, 1980 (11).

［120］Shleifer, Andrei Vishny, Robert W.. Large Shareholders and Corporate Control ［J］, Journal of Political Economy, 1986, Vo1.94, No.3.

［121］Admati, Anat R. Pfleiderer, Paul Zechner, Josef. Large Shareholder Activism Risk Sharing and Financial Market Equilibrium ［J］, Journal of Political Economy, 1994, Vol.102, No.6.

［122］Shleifer A. and R. W. Vishny. A Survey of Corporate Governance ［J］, Journal of Finance, 1997 (52)：737-775.

［123］Stiglitz, Joseph E.. Whither Reform? Ten Years of the Transition ［J］, World Bank Conference on Development Economics, 1999.

［124］La Porta, R. F. Lopez-de-Silanes, A. Shleifer, R. Vishny. Law and Finance ［J］, Journal of Political Economy, 1998 (106)：1131-1155.

［125］Winton A.. Limitation of Liability and the Ownership

Structure of the Firm [J], Journal of Finance, 1993 (48): 487–512.

[126] Burkart M. Denis Gromb, Fausto Panunzi. Large Share-holders, Monitoring and fiduciary Duty [J], The Quarterly Journal of Economics, 1997, 112.

[127] Bennedsen Morten and Wolfenzon Daniel. The Balance of Power in Close Corporation [M], Washington DC: Havard University, 1999.

[128] Gomes A. and W. Novaes. Sharing of Control as a Corporate Governance Mechanism [J], University of Pennsylvania Center for Analytic Research in Economics and Social Scienee (CARESS), Working Paper, 2001 (1): 6.

[129] 邓健. 双重治理关系的权衡分析——以董事会结构为例的研究. 东北大学, 2007: 99–102.

[130] La Portra, R. F. Lopez-de-Silanes, A. Sleifer and R. Vishny. Investor Protection and Corporate Governance [J], Journal of Financial Economics, 2000b (58): 3–27.

[131] 王敬勇, 薛丽达. 公司治理中股权制衡的博弈分析. 审计与经济研究, 2007 (2): 104–107.

[132] 黄涛. 博弈论教程——理论、应用. 北京: 首都经济贸易大学出版社, 2004.

[133] 王斌, 徐寅峰, 李志敏. 寻租现象监督治理的不完全信息动态博弈分析. 系统工程, 2005 (10): 82.

[134] 夏冬林, 钱苹. "搭便车"与公司治理结构中股东行为的分析. 经济科学, 2000 (4): 14–20.

[135] Shleifer A. and R. W. Vishny. A Survey of Corporate Governance [J], Journal of Finance, 1997 (52): 737–783.

[136] Dyck A., Zingales L.. Private Benefits of Control: an International Comparison [R], NBER Working Paper, 2002, No.8711.

[137] 万俊毅. 控股股东、实际控制权与小股东权益保护. 当代经济, 2005 (1): 10–16.

［138］ Admati, Anat R. Pfleiderer, Paul Zechner, Josef. Large Shareholder Activism, Risk Sharing and Financial Market Equilibrium ［J］, Journal of Political Economy, 1994, Vol.102, No.6.

［139］ La Porta, Rafael Lopez-de-Silanes, Florencio Shleifer, Andrei. Law and Finance ［J］, NBER Working Paper, 1996, No. 5661.

［140］ 张俊生，杨熠. 美国机构投资者在公司治理中的作用. 证券市场导报，2001（8）：68-72.

［141］ 宋力，韩亮亮. 民营上市公司股权结构特征分析. 南开管理评论，2004（4）：69-71.

［142］ 徐向艺，王俊桦. 股权结构与公司治理绩效实证分析. 中国工业经济，2005（6）：112-116.

［143］ 黄渝祥，李军. 中国上市公司股权制衡研究. 上证研究，2002（2）：101-141.

［144］ 施东晖，司徒大年. 中国上市公司治理水平及对绩效影响的经验研究. 世界经济，2004（5）：69-79.

［145］ 宋力，韩亮亮. 大股东控制比例对代理成本影响的实证分析. 南开管理评论，2005（1）：30-34.

［146］ 张维迎. 产权、激励与公司治理学. 北京：经济科学出版社，2005.

［147］ 迈克尔·詹森，威廉·梅克林. 所有权、控制与激励——代理经济学文选. 上海：上海三联书店，上海人民出版社，1998.

［148］ 郭强，蒋东生. 不完全契约与独立董事作用的本质及有效性分析. 管理世界，2003（2）：78-89.

［149］ 宁向东. 公司治理理论. 北京：中国发展出版社，2005.

［150］ 孙永祥，章融. 董事会规模、公司治理与绩效，企业经济. 2000（10）：13-15.

［151］ 沈艺峰. 公司董事会治理失败若干成因分析. 证券市场导刊，2002（3）：21-25.

［152］ 李常青，赖建清. 董事会特征影响公司绩效吗？金融研

究，2004（5）：64-77.

[153] 陈军，刘莉. 上市公司董事会特征与公司绩效关系研究. 中国软科学，2006（11）：101-108.

[154] 吴淑琨. 董事长与总经理两职状态的实证检验. 证券市场导报，2002（3）.

[155] 于东智，谷立日. 公司领导结构与公司绩效. 中国工业经济，2002（2）.

[156] 徐二明，张晗. 上市公司董事会监督机制替代效应对绩效影响的实证研究. 经济理论与经济管理，2006（10）：62-67.

[157] 徐向艺，巩震. 高管人员报酬激励与公司治理绩效研究. 中国工业经济，2007（2）：94-100.

[158] 刘冰，高闯. 高技术企业的权变治理、管理者更替与企业永续发展. 中国工业经济，2004（12）：75-78.

[159] 余明桂，夏新平，潘经波. 控股股东与小股东之间的代理问题：来自中国上市公司的经验证据. 管理评论，2007（4）：3-10.

[160] 谭慧慧. 所有权激励、外部约束与经理行为. 复旦大学，2004：28-41.

[161] 司徒大年. 中国上市公司股权激励机制研究. 复旦大学，2004：10-36.

[162] 刘剑，谈传生. 管理层持股与公司绩效：来自深圳股票市场的经验证据. 中国软科学，2005（10）：112-119.

[163] Jensen M. C. and W. H. Meckling. Theory of the Firm: Managerial Behavior, Agency Costs and Capital Structure [J], Journal of Financial Economics, 1976（3）：305-360.

[164] 魏刚. 高级管理层激励与上市公司经营绩效. 经济研究，2000（3）：32-39.

[165] 向朝进，谢明. 我国上市公司绩效与公司治理结构关系的实证分析. 管理世界，2003（5）：117-124.

[166] 李维安，牛建波. 中国上市公司经理层治理评价与实证

研究. 中国工业经济, 2004（9）：57-64.

[167] 林浚清. 中国上市公司高管绩效激励研究. 浙江大学, 2004：10-18.

[168] 程书强. 机构投资者持股与上市公司会计盈余信息关系实证研究. 管理世界, 2006（9）：129-136.

[169] 秦丽娜, 李凯. 自然人控股公司的治理特征与绩效的实证研究. 中国软科学, 2007（3）：99-105.

[170] 秦丽娜, 李凯, 刘烨. 我国独立董事报酬支付方式的方案设计. 管理评论, 2005（8）：24-28.

[171] 李凯, 秦丽娜, 刘烨. 自然人控股公司的高管特征与绩效. 管理评论, 2007（4）：56-62.

后　记

　　本书是在我的博士论文《自然人控股公司的治理理论与实证研究》的基础上形成的。在完成本书写作之际，回顾自己的学习和研究经历，心情非常激动。在此，谨向培养我的老师、关心我的同学和朋友、支持和理解我的家人，表示衷心的感谢。

　　首先，感谢我的导师东北大学工商管理学院院长李凯教授。他在学术上的敏锐洞察力指引着我学习的方向；其严谨的治学风范、认真的工作态度深深地影响着我，使我在学习上、工作上总能从中获得前进的动力，保持着进取精神。博士学位论文中饱含着导师的心血和汗水。师恩难忘，值此之际，谨向老师及其家人致以深深的谢意。

　　其次，感谢东北大学工商管理学院的杜晓君、郁培丽老师在我攻读博士期间所给予的无私帮助与关怀。感谢樊治平老师多年的帮助和郭亚军老师，黄小原、庄新田老师在写作中所提出的宝贵建议。感谢一直督促我完成该项任务的读硕士时期的老师和同学，他们是郭宝柱老师，于春海、刘烨、尤天慧同学。感谢学术讨论班的各位同学，他们分别是王秋菲、李明玉、李世杰、郑云虹、许波等，与他们一起的讨论使我获益匪浅。感谢工商管理学院孙建伟、艾凤云老师在一些具体事宜上的帮助。感谢东北大学工商管理学院培养我、帮助我、支持我的各位老师。

　　我还要特别感谢沈阳理工大学经济管理学院的领导，他们是金敏力、吴亚军、赵维双、张艳华等同志对我的理解与鼓励，感谢我的同事们对我工作上的支持。感谢我的研究生童昕婧、纪一娓同学所做的校对等工作。

最后，要感谢我的家人。感谢父母、公婆对我的理解，因为一直求学，没能做到常回家看看；感谢我的爱人，他总是在背后支持我、鼓励我；感谢已上高中的女儿，她总是以优异的成绩乖乖地支持着我。正是这些来自亲人的关爱与支持使我能顺利完成博士论文及本书的写作。

当我敲定本书最后一个文字的时候，我的心中涌动起庆幸和感激之情。仅以此书，向所有曾经帮助过我的人们表示深深的谢意！本书还引用了大量的珍贵文献和学术观点，在此一并谢忱！

秦丽娜

2008 年 10 月